Money錢

Money錢

董鍾祥 著

就是這張表

抓住神買點

Money錢

目 錄

Contents

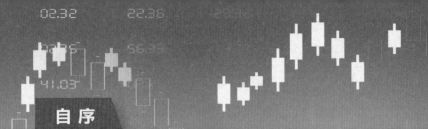

尊重趨勢：
投資股票穩操勝算

回想20多年前就讀中興大學地政系時，老師在「不動產估價」課堂上所說的話：投資不動產最重要的3個原則是：「Location（地點）、Location、Location」。現在想想，這真的是至理名言。

我退伍後的第1份工作是在中華徵信所擔任土地估價師，在2年當中估過台北市幾乎所有區域的房子，以及全省不同類型的土地，例如公寓、大廈、大樓、別墅和集合式住宅等，還有建地、農地、山坡地、工業用地、廠房、停車場和上市公司資產重估。

之後，我在交通部國道興建工程局擔任約聘工程師1年多，負責用地徵收的補償估價，這3年多的不動產估價訓練和實務經驗，對我有很大的幫助，我買房遵循老師教導的原則和自己的估價經驗，挑選住家離捷運站和公車站步行約2分鐘、開車上高

速公路約5分鐘……這些交通非常便利的位置。

　　再加上生活機能佳，房價從保值變成上漲2倍，這就是投資不動產最重要的3個賺錢原則：「Location、Location、Location」。若是運用在股市投資的選股上，投資標的最佳範例就是股王大立光（3008）和市值最大的台積電（2330），當盤勢不佳下跌時，它們具有保值功能；當盤勢大漲時，他們是一馬當先的多頭總司令。

　　投資股市也有3個最重要的原則：「Trend（趨勢）、Trend、Trend」。在美國股市盛傳一句名言：「尊重趨勢，尊重葛林斯班（Greenspan，在位最久的前美國聯準會主席）」。投資前最重要的一件事就是「研判多空趨勢」，因為趨勢研判正確，就能踏出成功獲利的第一步；反之，若趨勢研判錯誤，便會踏入失敗虧損的第一步，可見趨勢的重要。

　　我在股市投資近30年，從未在頭部區套牢過，就是因為研究趨勢、尊重趨勢、順勢而為：在多頭市場偏多操作、在空頭市場偏空操作、在盤整市場觀望或區間操作。

　　2015年8月，陸股崩跌（上海綜合指數和上海A股18天內分

別重挫34.85%和34.81%；上海B股23天內崩跌48.81%；深圳綜合指數和深圳A股17天內分別崩跌41.35%和41.40%；深圳B股23天內重挫31.44%），台股更在50天內，自10014.28點下跌到8750.92點，大跌12.62%，這讓我有感而發，於心不忍，願野人獻曝，分享可在股市趨吉避凶的多空分析法。

本書的寫作重點是，希望能傳授大家一些簡單明瞭，最好一眼就能看得懂的多空趨勢研判法，讓每位讀者都能由淺入深，學會研判多空趨勢。學會後再進場投資，必能趨吉避凶，多空趨勢都能靈活操作。

本書就技術面分析法，挑選出其中比較簡單易懂的多空趨勢研判方法，以由淺入深的方式編寫，希望讀者能輕鬆讀、輕鬆看，學會一眼就看懂多空趨勢，對於未來的投資產生助益。

若將來讀者因閱讀本書而在股票市場投資受益，希望大家能共襄盛舉，每月花700元認養1位世界展望會的小朋友，你小小金額的善舉，能改變1位小朋友的未來，希望我們的一點點心意能產生美善的正向循環，這也是我出版這本書的用意之一，我代替小朋友們感謝大家，祝大家多空操作順利賺大錢。

多空趨勢研判 概分 2 大類

類別1 **基本面分析**
① 總體經濟分析法
② 產業分析法
③ 本益比分析法
④ 股價淨值比分析法
⑤ 政策面分析法
⑥ 事件分析法
⑦ 景氣循環分析法等。

類別2 **技術面分析**
① 趨勢分析法
② 移動平均線分析法
③ X象限分析法
④ 軌道線指標分析法
⑤ 葛蘭碧八大法則分析法
⑥ 型態分析法
⑦ 多空指標分析法
⑧ MACD平滑異同平均線指標分析法
⑨ DMI 趨向指標分析法
⑩ 量價關係分析法
⑪ 資券關係分析法
⑫ 籌碼面分析法
⑬ 法人vs散戶盤多空分析法
⑭ 融資vs大盤多空分析法
⑮ 期權關係分析法
⑯ 平均成本法等。

Part 1

1-1~1-2

Part 2

Part 3

Part 4

判斷多空
是勝敗關鍵

找買點比找賣點困難，因為買點錯，
結果大多以虧錢收場；買點對了，才
會有後續如何找賣點的功課。

1-1

找對買點是基本功

股票市場有句名言：「會買的是徒弟，會賣的才是師傅。」聽起來，找買點很簡單，挑賣點很困難。對我而言，當我還是菜鳥時，認為找買點比賣點困難許多。經過股市29年的洗禮，現在變成老鳥，覺得找買點和賣點都變簡單了，但真要我區別哪一個簡單？哪一個困難？我個人還是認為，找買點比找賣點困難，因為買點錯，結果大多以虧錢收場；買

點對了，才會有後續如何找賣點的功課。

現在有很多專業投資人，他們會寫程式，用程式來交易，甚至運用專業的看盤軟體寫公式找買賣點，比如說：K＞D且＜20是買進訊號；K＜D且＞80是賣出訊號。K＞D且＜20，表示KD指標在20以下的低檔區，出現「黃金交叉」買進訊號；K＜D且＞80，表示KD指標在80以上的高檔區，出現「死亡交叉」賣出訊號。

我早在20年前，就買了新電腦並安裝專業的股票看盤軟體來做研究，當時天天瘋狂地研究到半夜1、2點，樂此不疲，就是希望能找到底部的買進訊號和頭部的賣出訊號。我寫的選股條件非常多，軟體最多提供100組模擬選股條件，我就設定了100組選股公式。

舉例來說，我的買進選股條件之一是：「K＞D且6日RSI＞12日RSI」，代表的含意為：K＞D且表示KD指標出現「黃金交叉」買進訊號；6日RSI＞12日RSI，表示RSI指標亦同時出現「黃金交叉」買進訊號。當兩個短線指標

同時出現「黃金交叉」買進訊號，買進獲利的準確度理應很高。

利用看盤軟體 可設定選股條件

第 9 群組		超級王牌智慧選股					
開始選股	選擇條件	編輯條件	編輯公式	自定圖形	編輯欄位	自定欄位	選股結果

選股套用條件
條件60：（3,9）K＞D而且6日RSI＞12日RSI

　　重點來了，若依照選股條件輸入電腦，就會跑出一堆符合買進條件的標的，若投資人依此買進所有標的，理應全部上漲，大賺一筆，但結果卻不然，篩選出來的股票漲跌互見，甚至還會出現不賺反賠的結果。

　　挑選兩種技術指標同時出現「黃金交叉」買進訊號的股票，為何還會出現下跌虧損的狀況？因為買進的趨勢位置不對，股票市場的走勢，分為3種模式：

❶ 多頭市場上漲模式。

❷ 空頭市場下跌模式。

❸ 橫向盤整模式。

若用程式交易或電腦選股，只能選出符合買進訊號的標的，卻不能區分投資標的是處於上漲趨勢、下跌趨勢或橫向趨勢，這就是程式交易者和電腦選股者的盲點所在，也是我認為買點比賣點難的原因。

❯ 看對趨勢 才有賺頭

從程式篩選出來，符合選股條件的買點會出現在3種不同趨勢上：

❶ 多頭市場漲多拉回修正結束後，醞釀起漲的時點。

❷ 空頭市場大跌結束後，醞釀跌深反彈的時點。

❸ 區間盤整低檔區，醞釀反彈的時點。

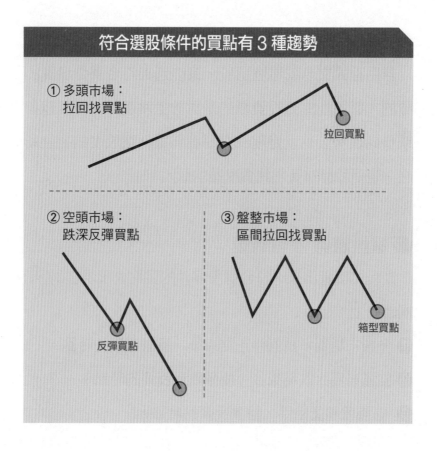

符合選股條件的買點有 3 種趨勢

① 多頭市場：
　拉回找買點

拉回買點

② 空頭市場：
　跌深反彈買點

反彈買點

③ 盤整市場：
　區間拉回找買點

箱型買點

上述3個時點，不知道讀者會選哪一種買進？

當我還是菜鳥時，我都是選第2種時點買進，想說已經跌那麼深，將來反彈應該幅度會很大，甜頭應該最多。

第1種時點買進，心裡怕怕的，因為漲多了，深怕多頭突然變臉反轉而下，套在山頂上。第3種時點買進，感覺油水不多，做多或做空只有區間行情，而沒有大行情。

我選第2種時點買進，多年操作之後，沒有很多斬獲，僅有小小獲利，操作期間還遇到幾次破底危機，讓我深深體會這句股市名言：「老鳥都是死在搶反彈。」當我覺悟後，重新實證研究發現，股市是有特性和慣性的，以下就符合K＞D且6日RSI＞12日RSI買點，篩選出來的3種趨勢作說明。

趨勢❶ 多頭市場　特性➡波段上漲、短線拉回

漲多後一定會拉回修正，拉回修正就要找買點，當買點符合選股條件時買進，之後一定會呈現波段上漲，因而賺到波段利潤。這是多頭市場的慣性：一頂比一頂高，高點還有更高點。

宏益日線圖：符合買進條件

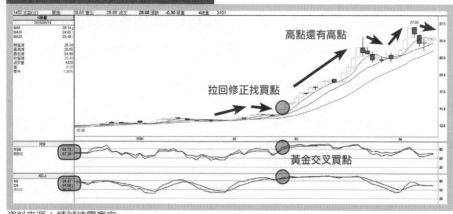

資料來源：精誠速霸贏家

趨勢❷ 空頭市場　　特性➡波段下跌、短線反彈

　　跌深後一定會反彈，當買點符合選股條件時買進，因為無法形成波段上漲，僅有短線反彈的微小利潤。跌深反彈的經驗法則：急漲模式平均上漲5天，緩漲模式平均上漲8～13天。

　　若投資人搶跌深反彈時買進，又嫌反彈利潤太小而不願獲利了結賣出，當反彈結束後，股價就會形成波段下

跌。投資人搶反彈的結果是由盈轉虧，原本小幅獲利不
願賣出，套牢虧損就更不可能停損賣出，有的人甚至還
逢低買進攤平，孰不知空頭市場的慣性：低點還有低
點，一底比一底低，最後紛紛被斷頭出場。

勤益控日線圖：符合買進條件

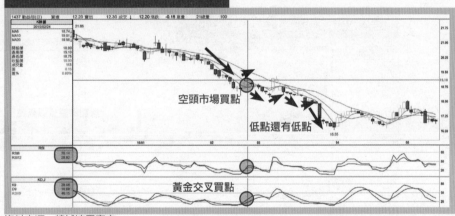

資料來源：精誠速霸贏家

趨勢❸ 橫向盤整　特性⭕區間波動

　　盤整時股價呈現區間波動，若見漲追價買進，常會買在箱型的高檔區；反之，若見跌追空，常會空到箱型的低檔區。盤整市場只能採取低買高賣策略，當股價處於低檔區且買點符合選股條件時買進，才能獲利。

能率豐日線圖：符合買進條件

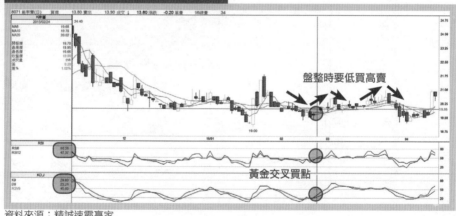

資料來源：精誠速霸贏家

　　現在我可算是投資老鳥，老鳥的首選是第1種時點買進，次選是第2種時點，最末才是在第3種時點買進。

Note

1-2

懂得賣出
才能獲利入袋

台灣股市2015年開盤加權指數為9274.11點，4月28日盤中高點出現10014.28點，近4個月的時間上漲了740點（漲幅7.98%），報酬率約1個漲停板。此時，有很多投資人心裡在想，萬點之上要不要獲利了結？依過去的歷史經驗，萬點之上追高買進都沒有好結果，幾乎都是住「總統套房」！

勇敢果決執行賣出的投資人，到了8月20號盤中低點

7951.72點，幸運地避開了2062.56點（跌幅20.6%）的重挫；反之，若沒有當機立斷賣出的投資人，真是損失慘重，心底發出「千金難買早知道」的哀怨。

萬點整數關卡能否有效站穩，或者僅是曇花一現，我分享一個獨家的「3%整數關卡操作法」，非常有效：每到一個關卡要能站穩，就必須再漲超過3%，例如8000點要站穩，必須漲超過3%，即8240點以上，才表示8000點整數關卡站穩，將朝8500點邁進。

2015年的高點10014.28點未能突破10300點，表示

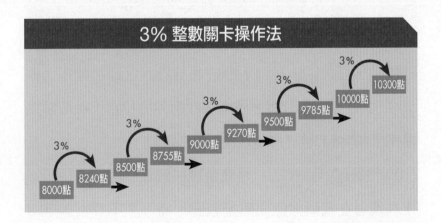

3% 整數關卡操作法

萬點整數關卡未能有效站穩，將回測9785點，一旦，9785點失守，將下探9500點。依此類推，當指數跌破8240點，表示將回測8000點；8000點若失守，將下探7725點。

8月20日盤中跌破8000點整數心理關卡，下探10年線7917.57點，盤中最低點7951.72點，在政府基金護盤下收在8029.81點，8000點整數關卡失而復得，且10年線保衛戰暫時成功。

8月21日8000點失守，股價將下探7725點，7725點失守將下探7500點，7500點失守將下探7210點；若7210點再失守，將下探7000點整數心理關卡。8月24日台股加權指數跌幅創下歷史單日最大紀錄，盤中大跌583.85點，跌幅7.5%，所幸在政府強力拉抬下，收盤跌幅縮小為4.84%。

3%整數關卡操作法，是我實戰的經驗法則，希望可以作為讀者在判斷大盤面臨整數關卡時，要不要賣股或續

抱的準則。

在面對創業或學習新事物時，人們常說：「我們重視過程，而不在乎結果。」若將這種思維用在股市投資上，那就慘了！股市操作剛好相反，投資最重要的不是過程，而是結果。

每年1月1日到12月31日的過程中，股價漲漲跌跌，波動起伏，若到11月底，操作的帳面上獲利賺錢，卻在最後1個月由盈轉虧，過程再精彩都沒用，只是落得一場空！寫到這裡，我馬上聯想到一個血淋淋的真實案例。

約12年前，我在一家投信擔任全權委託代客操作經理人時，有一位建設公司董事長來詢問代操事宜，在相談中他告訴我，他公司曾經養一位操盤人，500萬元操作一檔CD-R的股票，最多賺到1億元，他沒有賣，最後賺的1億元不但輸光，還賠到本金。

可見賣股票是多麼的重要，至於怎麼賣？本書會陸續教大家一些判斷的方法。

Part 2

判斷多空的
基礎分析法

看對多空趨勢，順勢操作，才能在股
市穩操勝算，初學者應先學會本篇5
個多空基礎分析法。

2-1

趨勢分析法：
一眼看出多空走勢

何謂趨勢？股票走勢圖呈現明顯的方向，就是「趨勢」。趨勢向上，代表漲勢，稱之為「多頭市場」；趨勢向下，代表跌勢，稱之為「空頭市場」；趨勢向右，代表盤整，表示多空方向不明，稱之為「盤整市場」。

趨勢判斷很簡單，讀者從線圖就能一眼看出多空的漲跌方向。

多頭市場：左下➡右上

若趨勢由左下角往右上角上漲，就是上漲趨勢，亦稱
多頭市場。見圖2-1。

圖2-1 ▶ 大盤週線圖：上漲趨勢圖

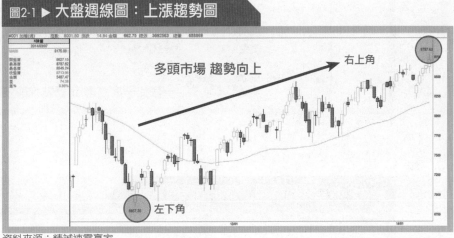

資料來源：精誠速霸贏家

處於多頭市場時，會出現以下3個趨勢特徵：

特徵❶ 上漲慣性

● 高點一頂比一頂高，續創新高；低點亦一底比一底高，
且拉回修正的低點＞前波高點。見次頁圖2-2。

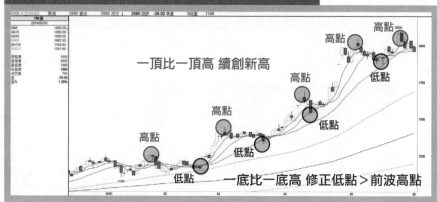

圖2-2 ▶ 大立光日線圖：多頭市場的上漲慣性

資料來源：精誠速霸贏家

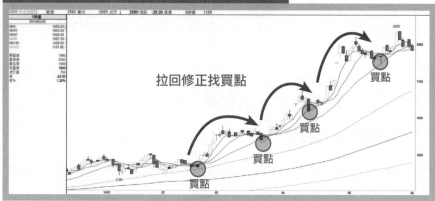

圖2-3 ▶ 大立光日線圖：多頭市場的買點

資料來源：精誠速霸贏家

● 波段上漲，短線拉回；拉回修正找買點。見左頁圖2-3。

特徵② **類股輪漲**

　強勢股、同步股和弱勢股的區分，乃是與大盤走勢進

行比較，見圖2-4。

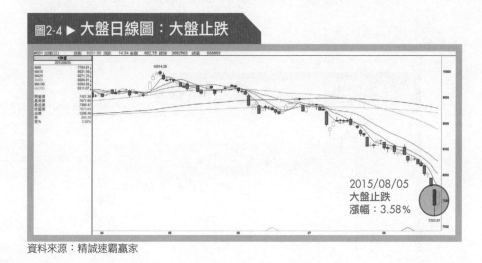

圖2-4 ▶ 大盤日線圖：大盤止跌

資料來源：精誠速霸贏家

● **強勢股：**

　大盤跌勢尚未結束，但強勢股已經領先大盤止跌反彈

回升。見次頁圖2-5。

●**同步股：**

大盤止跌,同步股與大盤同時止跌;大盤上漲,同步

股亦同步上漲。見右頁圖2-6。

●**弱勢股：**

大盤止跌回穩,但弱勢股並未同步止跌,還繼續下

跌。見右頁圖2-7。

圖2-5 ▶ 矽品日線圖:強勢、領先股

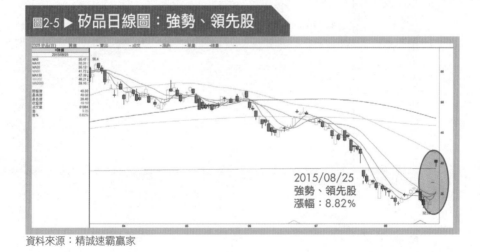

2015/08/25
強勢、領先股
漲幅:8.82%

資料來源:精誠速霸贏家

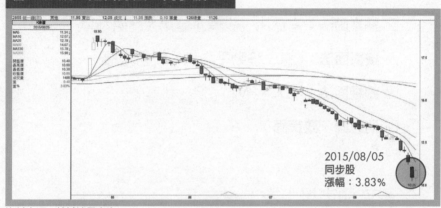

圖2-6 ▶ 統一證日線圖：同步股

2015/08/05
同步股
漲幅：3.83%

資料來源：精誠速霸贏家

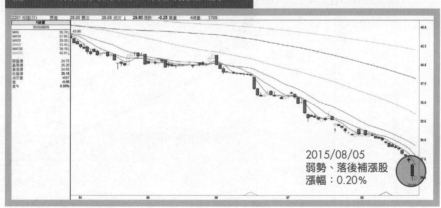

圖2-7 ▶ 裕隆日線圖：落後補漲股

2015/08/05
弱勢、落後補漲股
漲幅：0.20%

資料來源：精誠速霸贏家

特徵③ 任何投資方法都能賺

☑ **基本面法：**本益比、股價淨值比、高殖利率…

☑ **技術面法：**K線、移動平均線、技術指標……

☑ **總經面法：**GDP、PMI、CPI、利率……

☑ **消息面、政策面……**

▶ 空頭市場：左上➡右下

趨勢由左上角往右下角下跌，就是下跌趨勢，亦稱空

圖2-8 ▶ 大盤日線圖：下跌趨勢圖

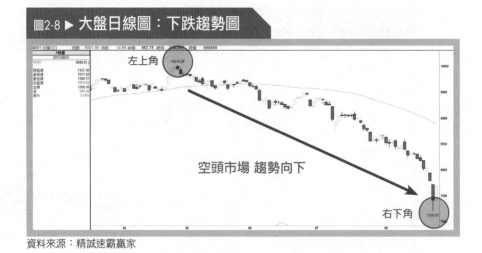

資料來源：精誠速霸贏家

頭市場。見左頁圖2-8。

　　處於空頭市場時，會出現以下3個趨勢特徵：

特徵①下跌慣性

● 低點一底比一底低，低點還有低點續創新低；高點一頂
　比一頂低，且反彈的高點＜前波低點。見圖2-9。

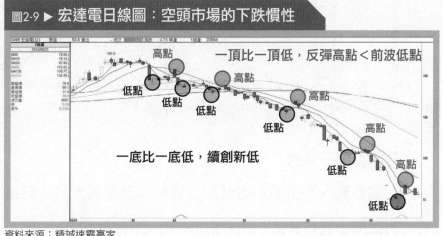

圖2-9 ▶ 宏達電日線圖：空頭市場的下跌慣性

資料來源：精誠速霸贏家

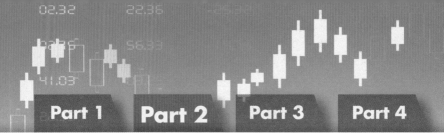
●波段下跌,短線反彈;反彈找賣(空)點。見圖2-10。

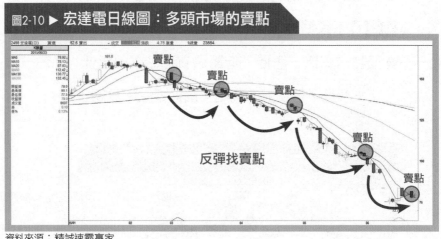

圖2-10 ▶ 宏達電日線圖:多頭市場的賣點

資料來源:精誠速霸贏家

特徵② 類股輪跌

　　弱勢股、同步股和強勢股的區分,乃是與大盤走勢進

行比較,見右頁圖2-11。

●弱勢股:

　　大盤漲勢尚未結束,但弱勢股已經領先大盤下跌。見

P.36圖2-12。

● **同步股：**

　　大盤漲勢結束開始下跌，同步股與大盤同時下跌。見
次頁圖2-13。

● **強勢股：**

　　大盤跌勢結束開始下跌，但強勢股並未同步下跌，還
繼續上漲。見次頁圖2-14。

圖2-11 ▶ 大盤日線圖：大盤下跌

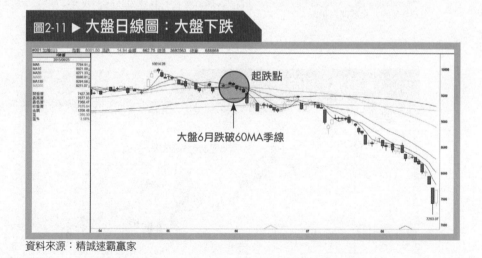

資料來源：精誠速霸贏家

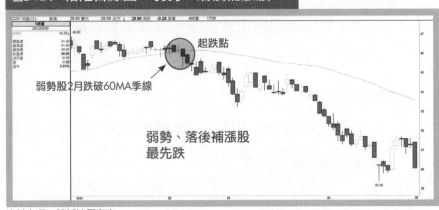

資料來源：精誠速霸贏家

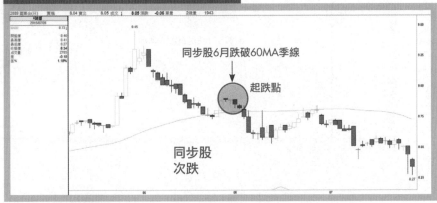

資料來源：精誠速霸贏家

圖2-14 ▶ 大立光日線圖：強勢、領先股

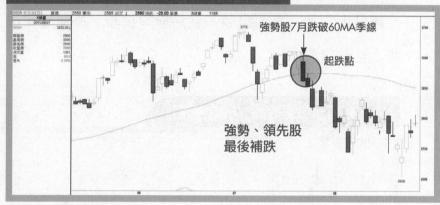

資料來源：精誠速霸贏家

特徵③ 任何基本面投資方法都無效

只剩技術面的短線指標有效：

✗ **基本面法**：本益比、股價淨值比、高殖利率……

✗ **總經面法**：GDP、PMI、CPI、利率……

✗ **消息面、政策面**……

✓ **技術面法**：K線、移動平均線、技術指標……

▶ 盤整市場：左➡右橫向移動

趨勢由左往右橫向移動，就是橫向趨勢，亦稱盤整市場。見圖2-15。

圖2-15 ▶ 第一金週線圖：橫向盤整

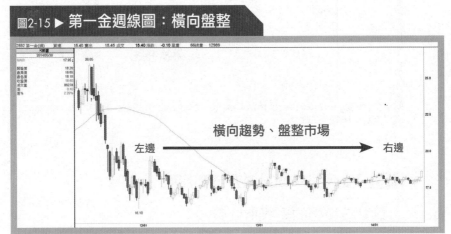

圖2-15 ▶ 第一金週線圖：橫向盤整

資料來源：精誠速霸贏家

處於盤整市場時，會出現以下3個趨勢特徵：

特徵❶ 盤整慣性

● 高點不會一頂比一頂高，低點亦不會一底比一底低。

● 區間上下波動，壓力線不易有效突破；支撐線亦不易有

效跌破。見圖2-16。

圖2-16 ▶ 第一金週線圖：橫盤趨勢慣性

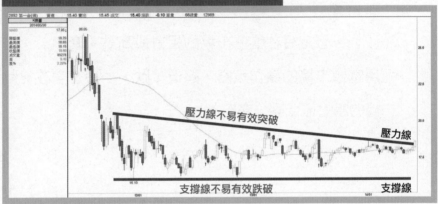

資料來源：精誠速霸贏家

特徵② 類股強者恆強，弱者恆弱

● 產生資金排擠效應。

● 強勢股（業績佳）：強者恆強，高點還有高點。

● 弱勢股（業績差）：弱者恆弱，低點還有低點。

特徵③ 運用多頭和空頭市場的操作策略都無效

● 多頭市場的操作策略：追高（漲）殺低（跌）。

●空頭市場的操作策略：追低（跌）殺高（漲）。

●盤整市場的操作策略：低買高賣。

　在盤整市場若運用多頭市場的操作策略，追高（漲），必定買在盤整市場的相對最高點（套牢）；若運用空頭市場的操作策略，追低（跌），必定空在盤整市場的相對最低點（套牢）。

Note

2-2

移動平均線法：
找出短中長期買賣點

移動平均線理論是技術分析中最重要的分析理論之一，它具有非常多功能，例如平均成本的概念、黃金交叉和死亡交叉的買賣點研判、葛蘭碧8個買賣點研判、助漲支撐和助跌壓力作用、研判短中長線多空趨勢（本章重點），還有均線扣抵值預測未來趨勢的功能、均線糾結研判起漲點或起跌點的功能等。

　　本章的移動平均線多空分析法，僅著重於簡單的概念

分享，以及多空趨勢的買賣操作論述，慢慢品讀、融會貫通，一定可以體會移動平均線法的妙用。

❯ 認識平均成本的概念

移動平均線顧名思義，就是取一段時間「收盤價」的平均值畫出來的線，舉例來說，5日移動平均線（5MA）即是最近5天的平均成本，若收盤價＞5日移動平均線，代表最近5天買進者都賺錢；若收盤價＜5日移動平均線，代表最近5天買進者都賠錢（套牢）。

操作上常用的平均線

10MA	10日移動平均線，最近10天的平均成本。
20MA	20日移動平均線，最近20天的平均成本。
60MA	60日移動平均線，最近60天的平均成本。
130MA	130日移動平均線，最近130天的平均成本。
260MA	260日移動平均線，最近260天的平均成本。

趨勢的界定	
短線	5MA、10MA（週線、雙週線）。
中線（波段）	20MA、60MA（月線、季線）。
長線	130MA、260MA（半年線、年線）。

❯ 移動平均線的基本應用

1. 短線操作

> 收盤價＞**5MA**，短線買進；
> 收盤價＞**10MA**，短線加碼。
>
> 收盤價＜**5MA**，短線減碼；
> 收盤價＜**10MA**，短線賣出觀望。

移動平均線除了有平均成本的概念外，還具有助漲的支撐作用，或助跌的壓力作用。

舉例來說，若5日移動平均線的趨勢一直往下，就會形

成助跌的壓力作用，當股價止跌反彈碰到5MA，不易往上突破，股價就會拉回修正；依此類推，若10日移動平均線的趨勢一直往下，也會形成助跌的壓力作用，當股價止跌反彈碰到10MA，不易往上突破，股價就會拉回修正。

股價如何才能向上突破5MA或10MA？當5MA或10MA的走勢由下跌趨勢變成橫向趨勢時，表示助跌的壓力作用失效，因為移動平均線向下或向上，才會產生助跌的壓力作用或助漲的支撐作用。

股價很容易在5MA或10MA的走勢變成橫向趨勢時，往上突破或往下跌破，於是形成技術分析中短線「黃金交叉」的買點，或「死亡交叉」的賣點。

買點

●當5MA走平，股價由下往上穿越5MA，就是短線的黃金交叉買點。

●當10MA走平，股價由下往上穿越10MA，就是短線的黃金交叉加碼買點。見下頁圖2-17。

賣點

●當5MA走平，股價由上往下跌破5MA，就是短線的死亡交叉賣點。

●當10MA走平，股價由上往下跌破10MA，就是短線的死亡交叉加碼賣點。見圖2-17。

圖2-17 ▶ 大立光日線圖：短線操作的買賣點

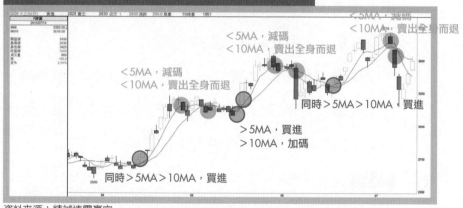

資料來源：精誠速霸贏家

5MA＞10MA：短線「黃金交叉」買點
5MA＜10MA：短線「死亡交叉」賣點

　　當10MA走平，股價由下往上穿越5MA，且5MA亦由下往上穿越10MA，就是短線的黃金交叉買點；當10MA走平，股價由上往下跌破5MA，且5MA亦由上往下跌破10MA，就是短線的死亡交叉賣點。見圖2-18。

圖2-18 ▶ 大立光日線圖：短線黃金、死亡交叉買賣點

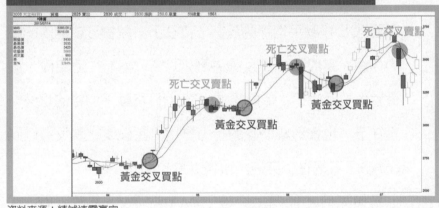

資料來源：精誠速霸贏家

2.中線（波段）操作

> 收盤價＞**20MA**：波段買進；
> 收盤價＞**60MA**：波段加碼。
>
> 收盤價＜**20MA**：波段減碼；
> 收盤價＜**60MA**：波段賣出觀望。

　　若20日移動平均線的趨勢一直往下，就會形成助跌的壓力作用，當股價止跌反彈碰到20MA，不易往上突破，股價就會拉回修正；依此類推，若60日移動平均線的趨勢一直往下，也會形成助跌的壓力作用，當股價止跌反彈碰到60MA，不易往上突破，股價就會拉回修正。

　　股價如何才能向上突破20MA或60MA？當20MA或60MA的走勢由下跌趨勢變成橫向趨勢時，表示助跌的壓力作用失效，因為移動平均線向下或向上，才會產生助跌的壓力作用或助漲的支撐作用。股價很容易在20MA或60MA的走勢變成橫向趨勢時，往上突破或往下跌破，於

是形成技術分析中線「黃金交叉」的買點，或「死亡交叉」的賣點。

買點

●當20MA走平，股價由下往上穿越20MA，就是中線的黃金交叉買點。

●當60MA走平，股價由下往上穿越60MA，就是中線的黃金交叉加碼買點。見次頁圖2-19。

賣點

●當20MA走平，股價由上往下跌破20MA，就是中線的死亡交叉賣點。

●當60MA走平，股價由上往下跌破60MA，就是短線的死亡交叉加碼賣點。見次頁圖2-19。

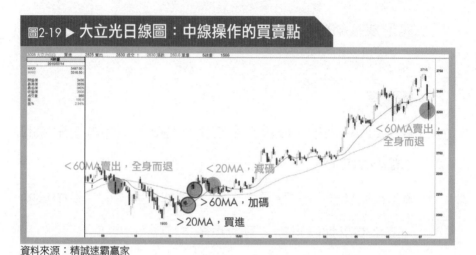

圖2-19 ▶ 大立光日線圖：中線操作的買賣點

資料來源：精誠速霸贏家

> 20MA＞60MA：中線「黃金交叉」買點
> 20MA＜60MA：中線「死亡交叉」賣點

　　當60MA走平，股價由下往上穿越20MA，且20MA亦由下往上穿越60MA，就是中線的黃金交叉買點；當60MA走平，股價由上往下跌破20MA，且20MA亦由上往下跌破60MA，就是中線的死亡交叉賣點。見右頁圖2-20。

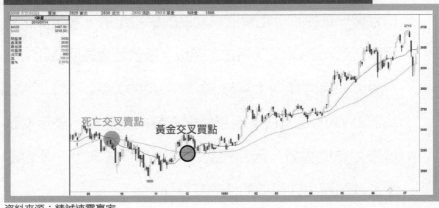

圖2-20 ▶ 大立光日線圖：中線黃金、死亡交叉買賣點

資料來源：精誠速霸贏家

3. 長線操作

收盤價＞130MA：長線買進；
收盤價＞260MA：長線加碼。

收盤價＜130MA：長線減碼；
收盤價＜260MA：長線賣出觀望。

　　若130日移動平均線的趨勢一直往下，就會形成助跌的壓力作用，當股價止跌反彈碰到130MA，不易往上突

破，股價就會拉回修正；依此類推，當260日移動平均線的趨勢一直往下，也會形成助跌的壓力作用，當股價止跌反彈碰到260MA，不易往上突破，股價就會拉回修正。

　股價如何才能向上突破130MA或260MA？當130MA或260MA的走勢由下跌趨勢變成橫向趨勢時，表示助跌的壓力作用失效，因為移動平均線向下或向上，才會產生助跌的壓力作用或助漲的支撐作用。

　股價很容易在130MA或260MA的走勢變成橫向趨勢時，往上突破或往下跌破，於是形成技術分析長線的「黃金交叉」買點，或「死亡交叉」賣點。

買點

●當130MA走平，股價由下往上穿越130MA，就是長線的黃金交叉買點。

●當260MA走平，股價由下往上穿越260MA，就是長線的黃金交叉加碼買點。見右頁圖2-21。

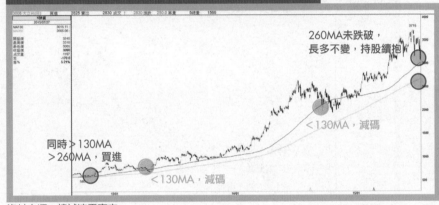

圖2-21 ▶ 大日光日線圖：長線操作的買賣點

260MA未跌破，
長多不變，持股續抱

同時＞130MA
＞260MA，買進

＜130MA，減碼

＜130MA，減碼

資料來源：精誠速霸贏家

賣點

●當130MA走平，股價由上往下跌破130MA，就是長線
的死亡交叉賣點。

●當260MA走平，股價由上往下跌破260MA，就是長線
的死亡交叉加碼賣點。見次頁圖2-22。

圖2-22 ▶ 華亞科日線圖：長線操作的買賣點

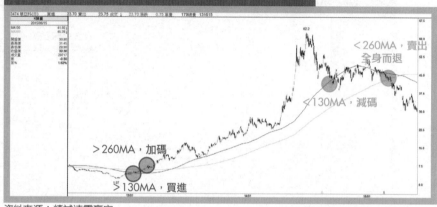

資料來源：精誠速霸贏家

> 130MA＞260MA：長線「黃金交叉」買點
> 130MA＜260MA：長線「死亡交叉」賣點

　　當260MA走平，股價由下往上穿越130MA，且130MA亦由下往上穿越260MA，是長線的黃金交叉買點；當260MA走平，股價由上往下跌破260MA，且130MA亦由上往下跌破260MA，就是長線的死亡交叉賣點。見右頁圖2-23和圖2-24。

圖2-23 ▶ 大立光日線圖：長線黃金交叉、死亡交叉買賣點

黃金交叉買點

尚未出現死亡
交叉賣點，長
多持股續抱

資料來源：精誠速霸贏家

圖2-24 ▶ 華亞科日線圖：長線黃金交叉、死亡交叉買賣點

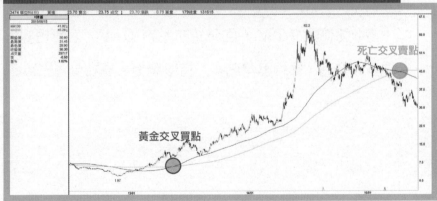

黃金交叉買點

死亡交叉賣點

資料來源：精誠速霸贏家

❯ 用均線判斷多空趨勢

1. 短線（5MA、10MA）

---

❶ 收盤價＞**5MA**＞**10MA**，短線盤勢偏多，
持股續抱。

　　當5MA走平，股價由下往上穿越5MA，就是短線的
黃金交叉第1買點；當10MA走平，股價由下往上穿越
10MA，就是短線的黃金交叉第2加碼買點。當5MA的走
勢由下往上突破10MA，就是移動平均線的短線黃金交叉
買點。

　　當收盤價大於5MA，且5MA亦大於10 MA，表示短線呈
現多頭排列，短線盤勢偏多，持股續抱。見右頁圖2-25。

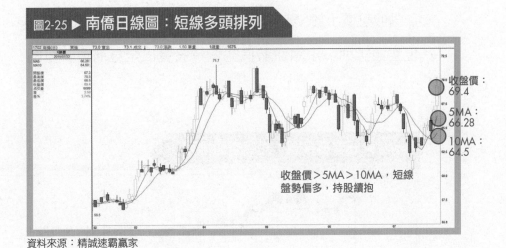

圖2-25 ▶ 南僑日線圖：短線多頭排列

收盤價：
69.4

5MA：
66.28

10MA：
64.5

收盤價＞5MA＞10MA，短線
盤勢偏多，持股續抱

資料來源：精誠速霸贏家

❷ 收盤價＜5MA＜10MA，短線盤勢偏空，
持股賣出全身而退！

當5MA走平，股價由上往下跌破5MA，就是短線的死亡交叉第1賣點；當10MA走平，股價由上往下跌破10MA，就是短線的死亡交叉第2加碼賣點。當5MA的走勢由上往下跌破10MA，就是移動平均線的短線死亡交叉賣點。

　　當收盤價小於5MA，且5MA亦小於10MA，表示短線呈
現空頭排列，短線盤勢偏空，持股賣出全身而退。見圖
2-26。

圖2-26 ▶ 旺宏日線圖：短線空頭排列

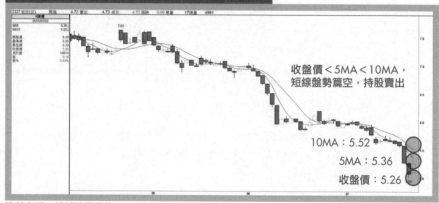

收盤價＜5MA＜10MA，
短線盤勢篇空，持股賣出

10MA：5.52

5MA：5.36

收盤價：5.26

資料來源：精誠速霸贏家

❸ 收盤價＜5MA、＞10MA，短線盤勢盤整，
　　減碼觀望。

當5MA走平，股價由上往下跌破5MA，就是短線的死亡交叉第1賣點；若股價尚未由上往下跌破10MA，則沒有形成短線的死亡交叉第2加碼賣點。

當收盤價小於5MA但尚未小於10 MA，表示短線呈現多空交戰狀態，也就是說，收盤價僅跌破短天期的5MA，尚未跌破長天期的10MA，2條移動平均線只跌破1條時，表示短線盤勢處於盤整狀態，宜減碼賣出觀望。見圖2-27。

圖2-27 ▶ 玉山金日線圖：短線盤整排列

資料來源：精誠速霸贏家

2. 中線（20MA、60MA）

❶ 收盤價＞**20MA**＞**60MA**，中線盤勢偏多，
持股續抱。

當20MA走平，股價由下往上穿越20MA，就是中線
的黃金交叉第1買點；當60MA走平，股價由下往上穿越
60MA，就是中線的黃金交叉第2加碼買點。當20MA的走
勢由下往上突破60MA，就是移動平均線的中線黃金交叉
買點。

當收盤價大於20MA，且20MA亦大於60MA，表示中
線呈現多頭排列，中線盤勢偏多，持股續抱。見右頁圖
2-28。

圖2-28 ▶ 佳格日線圖：中線多頭排列

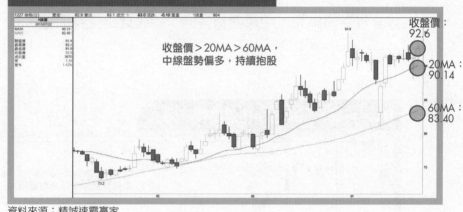

資料來源：精誠速霸贏家

❷ 收盤價＜**20MA**＜**60MA**，中線盤勢偏空，
持股賣出全身而退。

　　當20MA走平，股價由上往下跌破20MA，就是中線
的死亡交叉第1賣點；當60MA走平，股價由上往下跌破
60MA，就是中線的死亡交叉第2加碼賣點。當20MA的走
勢由上往下跌破60MA，就是移動平均線的中線死亡交叉
賣點。

當收盤價小於20MA，且20MA亦小於60 MA，表示中線呈現空頭排列，中線盤勢偏空，持股賣出全身而退。見圖2-29。

圖2-29 ▶ 銘異日線圖：中線空頭排列

盤價＜20MA＜60MA，
中線盤勢偏空，持股賣出。

60MA：99.33

20MA：79.58

收盤價：70.2

資料來源：精誠速霸贏家

❸ 收盤價＜**20MA**、＞**60MA**，中線盤勢盤整，減碼觀望。

當20MA走平，股價由上往下跌破20MA，就是中線的死亡交叉第1賣點；而股價尚未由上往下跌破60MA，沒有形成中線的死亡交叉第2加碼賣點。

當收盤價小於20MA，但尚未小於60 MA，表示中線呈現多空交戰狀態，也就是說，收盤價僅跌破短天期的20MA，尚未跌破長天期的60MA，2條移動平均線只跌破1條時，表示中線盤勢處於盤整狀態，宜減碼賣出觀望。見圖2-30。

圖2-30 ▶ 得力日線圖：中線盤整排列

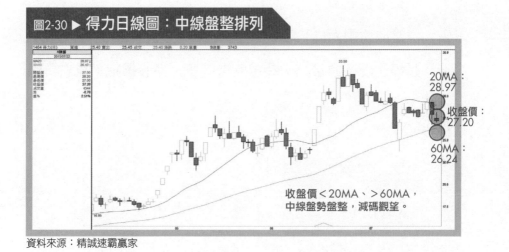

資料來源：精誠速霸贏家

3. 長線（130MA、260MA）

> ❶ 收盤價＞**130MA**＞**260MA**，長線盤勢偏多，
> 持股續抱。

　　當130MA走平，股價由下往上穿越130MA，就是長線的黃金交叉第1買點；當260MA走平，股價由下往上穿越260MA，就是長線的黃金交叉第2加碼買點。當130MA的走勢由下往上突破260MA，就是移動平均線的長線黃金交叉買點。

　　當收盤價大於130MA，且130MA亦大於260 MA，表示長線呈現多頭排列，長線盤勢偏多，持股續抱。見右頁圖2-31。

圖2-31 ▶ 儒鴻日線圖：長線多頭排列

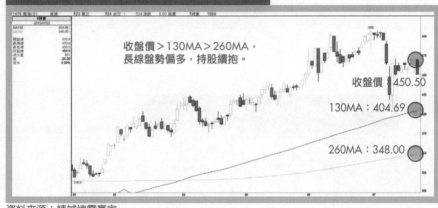

收盤價＞130MA＞260MA，
長線盤勢偏多，持股續抱。

收盤價：450.50

130MA：404.69

260MA：348.00

資料來源：精誠速霸贏家

> ❷ 收盤價＜**130MA**＜**260MA**，長線盤勢偏空，
> 持股賣出全身而退。

　　當130MA走平，股價由上往下跌破130MA，就是長線的死亡交叉第1賣點；當260MA走平，股價由上往下跌破260MA，就是長線的死亡交叉第2加碼賣點。當130MA的走勢由上往下跌破260MA，就是移動平均線的長線死亡交叉賣點。

當收盤價小於130MA，且130MA亦小於260 MA，表示
長線呈現空頭排列，長線盤勢偏空，持股賣出全身而退。
見圖2-32。

圖2-32 ▶ 銘異日線圖：長線空頭排列

260MA：141.73

130MA：122.26

收盤價＜130MA＜260MA，
長線盤勢偏空，持股賣出！

收盤價：70.20

資料來源：精誠速霸贏家

❸ 收盤價＜130MA、＞260MA，長線盤勢盤整，
　減碼觀望。

當130MA走平，股價由上往下跌破130MA，就是長線的死亡交叉第1賣點；而股價尚未由上往下跌破260MA，沒有形成長線的死亡交叉第2加碼賣點。

當收盤價小於130MA，但未小於260 MA，表示長線呈現多空交戰，也就是說，收盤價僅跌破短天期的130MA，尚未跌破長天期的260MA，2條移動平均線只跌破1條時，表示長線盤勢處於盤整狀態，宜減碼賣出觀望。見圖2-33。

圖2-33 ▶ 漢微科日線圖：長線盤整排列

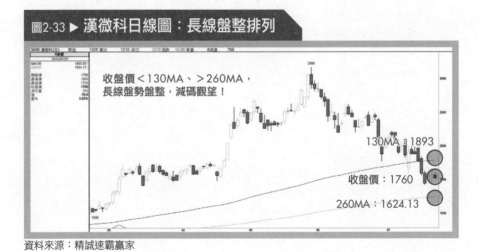

收盤價＜130MA、＞260MA，
長線盤勢盤整，減碼觀望！

130MA：1893

收盤價：1760

260MA：1624.13

資料來源：精誠速霸贏家

❯ 實際應用 避開空頭大跌趨勢

1. 加權指數：短、中、長線皆偏空

以台股加權指數2015年7月22日的日線圖為例，短線：收盤價＜5MA＜10MA；中線：收盤價＜20MA＜60MA；長線：收盤價＜130MA＞260MA。短、中線盤勢偏空，長線盤勢呈現盤整，投資人應該賣出持股，全身而退。

當加權指數的收盤價＜5MA＜10MA＜20MA＜60MA＜130MA＜260MA，收盤價同時小於6條代表短、中、長期的移動平均線，表示盤勢處於大空頭排列的空頭市場，將醞釀回測5年或10年線。見右頁圖2-34。

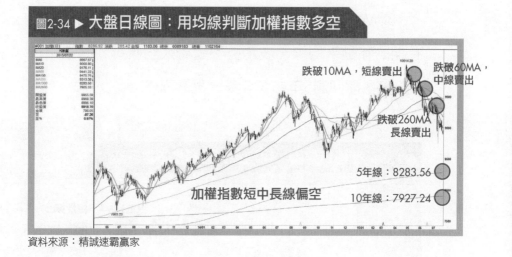

圖2-34 ▶ 大盤日線圖：用均線判斷加權指數多空

資料來源：精誠速霸贏家

2. 櫃檯指數：短、中、長線皆偏空

　　以台股櫃檯指數2015年7月22日的日線圖為例，短線：收盤價＜5MA＜10MA；中線：收盤價＜20MA＜60MA；長線：收盤價＜130MA＞260MA。短、中線盤勢偏空，長線盤勢呈現盤整，投資人應該賣出持股，全身而退。

　　當櫃檯指數的收盤價＜5MA＜10MA＜20MA＜60MA

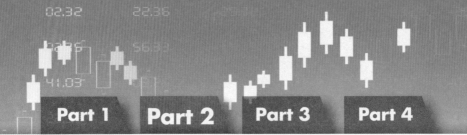
＜130MA＜260MA，收盤價同時小於6條代表短、中、

長期的移動平均線，表示盤勢處於大空頭排列的空頭市

場，將醞釀回測5年或10年線。見圖2-35。

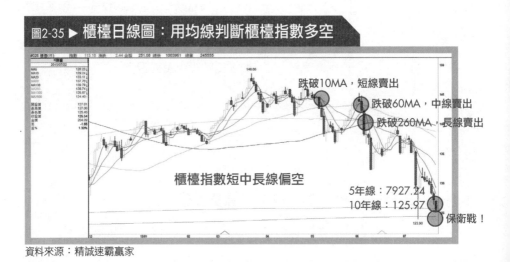

圖2-35 ▶ 櫃檯日線圖：用均線判斷櫃檯指數多空

跌破10MA，短線賣出

跌破60MA，中線賣出

跌破260MA，長線賣出

櫃檯指數短中長線偏空

5年線：7927.24
10年線：125.97

保衛戰！

資料來源：精誠速霸贏家

　　從台股加權指數及櫃檯指數日線圖可以看出，若投資人能遵守移動平均線多空分析法操作，理應可以趨吉避凶，避開空頭大跌趨勢。

❶ **短線操作紀律**：收盤價＜5MA，短線減碼；收盤價＜10MA，短線賣出觀望（全身而退）。

❷ **中線操作紀律**：收盤價＜20MA，中線減碼；收盤價＜60MA，中線賣出觀望（全身而退）。

❸ **長線操作紀律**：收盤價＜130MA，長線減碼；收盤價＜260MA，長線賣出觀望（全身而退）。

　　2015年7月22日加權指數和櫃檯指數短、中、長線皆偏空，若投資人嚴守操作紀律，尊重趨勢順勢而為，短、中、長線操作者理應皆全身而退，無股一身輕；若還有持股，那真是身心煎熬啊！

3. 個股範例演練

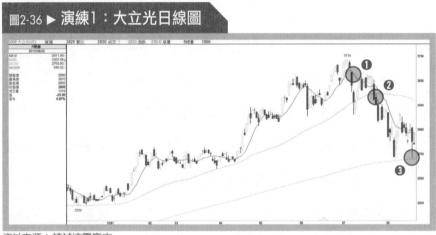

圖2-36 ▶ 演練1：大立光日線圖

資料來源：精誠速霸贏家

❶ 短線操作者：收盤價＜5日線，減碼
　　　　　　　　收盤價＜10日線，賣出全身而退

若收盤價＜10日線3,600.50元，賣出全身而退，
迄8月20日股價2,850元，可以避開750.5元的大跌
（−20.84%）。

❷ **中線操作者：收盤價＜20日線，減碼**
　　　　　　收盤價＜60日線，賣出全身而退

　若收盤價＜60日線3,367.83元，賣出全身而退，迄8月20日股價2,850元，可以避開517.83元的大跌（–15.38%）。

❸ **長線操作者：收盤價＜130日線，減碼**
　　　　　　收盤價＜260日線，賣出全身而退

　收盤價2,850元＞260日線2,703.92元，長線多頭趨勢未變。

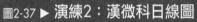

圖2-37 ▶ 演練2：漢微科日線圖

資料來源：精誠速霸贏家

❶ 短線操作者：收盤價＜5日線，減碼
　　　　　　　收盤價＜10日線，賣出全身而退

　　若收盤價＜10日線2,379.50元賣出全身而退，
迄8月20日股價1,300元，可避開1,079.5元的大跌
（−45.37%）。

❷ **中線操作者：收盤價＜20日線，減碼**
   　　　　　　　　收盤價＜60日線，賣出全身而退

　　若收盤價＜60日線2,138.75元賣出全身而退，
迄8月20日股價1,300元，可避開838.75元的大跌
（−39.22%）。

❸ **長線操作者：收盤價＜130日線，減碼**
   　　　　　　　　收盤價＜260日線，賣出全身而退

　　若收盤價＜260日線1,625.69元賣出全身而退，
迄8月20日股價1,300元，可避開325.69元的大跌
（−20.03%）。

4. 國際股市範例演練

圖2-38 ▶ 演練1：美國道瓊日線圖

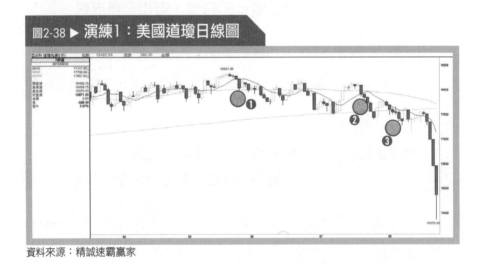

資料來源：精誠速霸贏家

❶ 短線操作者：收盤價＜5日線，減碼

**　　　　　　收盤價＜10日線，賣出全身而退**

　若收盤價＜10日線18210.95點賣出全身而退，迄8月
24日道瓊指數15370.33點，可避開2840.62點的大跌
（−15.60％）。

❷ 中線操作者：收盤價＜20日線，減碼

　　　　　　　收盤價＜60日線，賣出全身而退

若收盤價＜60日線17983.24點賣出全身而退，迄8月24日道瓊指數15370.33點，可避開2612.91點的大跌（–14.53%）。

❸ 長線操作者：收盤價＜130日線，減碼

　　　　　　　收盤價＜260日線，賣出全身而退

若收盤價＜260日線17576.88點賣出全身而退，迄8月24日道瓊指數15370.33點，可避開2206.55點的大跌（–12.55%）。

圖2-39 ▶ 演練2：中國上海綜合日線圖

資料來源：精誠速霸贏家

❶ 短線操作者：收盤價＜5日線，減碼
**　　　　　　收盤價＜10日線，賣出全身而退**

　若收盤價＜10日線5047點賣出全身而退，迄8月26日上海綜合指數2850.71點，可避開2196.29點的大跌（–43.52%）。

❷ **中線操作者：收盤價＜20日線，減碼**
　　　　　　　收盤價＜60日線，賣出全身而退

　若收盤價＜60日線4494.93點賣出全身而退，迄8月
26日上海綜合指數2850.71點，可避開1644.22點的大
跌（–36.58%）。

❸ **長線操作者：收盤價＜130日線，減碼**
　　　　　　　收盤價＜260日線，賣出全身而退

　若收盤價＜260日線3350.38點賣出全身而退，迄8月
26日上海綜合指數2850.71點，可避開499.67點的大跌
（–14.91%）。

移動平均線代表平均成本：

5日線 最近5天的平均成本，收盤價＜5日線，表示近5日（1週）買進者套牢。

10日線 最近10天的平均成本，收盤價＜10日線，表示近10日（2週）買進者套牢。

20日線 最近20天的平均成本，收盤價＜20日線，表示近20日（1個月）買進者套牢。

60日線 最近60天的平均成本，收盤價＜60日線，表示近60日（1季）買進者套牢。

130日線 最近130天的平均成本，收盤價＜130日線，表示近130日（半年）買進者套牢。

260日線 最近260天的平均成本，收盤價＜260日線，表示近260日（1年）買進者套牢。

2600日線 最近2600天的平均成本，收盤價＜2600日線，表示近2600日（10年）買進者套牢。

　加權指數自2015年4月28日盤中出現高點10014.28點後，開始下跌，空軍一路過關斬6將（5日線、10日線、20日線、60日線、130日線、260日線），一度面臨10年線保衛戰，8月20日盤中低點7951.72點，10年線為7917.55點，只差34.17點。

　自10014.28點下跌到7951.72點，跌幅達20.60％！若投資人能依據移動平均線操作法，理應全身而退，何來套牢虧損之理！

Note

2-3

X象限分析法：
抓住多空轉折訊號

用1條上升趨勢支撐線和1條下降趨勢壓力線，可以構成大叉叉線，類似英文字母X，我將之稱為「X線」；X線又可區分成4個空間（象限），類似數學和測量學的4個象限，用X象限分析，可以看出多空趨勢。

▶ X象限的基本圖形

X象限分析法是型態理論「三角形收斂」的延伸；「三

角形收斂」表示盤勢即將變盤，多空趨勢要攤牌，未來是上漲或下跌，答案將會揭曉。

以基本的圖形來看，位於X線正上方的象限稱為「多頭市場」，位於正下方的象限稱為「空頭市場」，位於左方和右方的象限稱為「盤整市場」。

X象限圖形

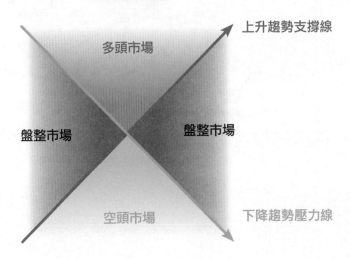

1. 多頭上漲趨勢

　　當股價向上突破三角形的壓力線，表示盤勢突破盤局，轉為多頭上漲趨勢，突破壓力線為買進訊號，簡稱買點。

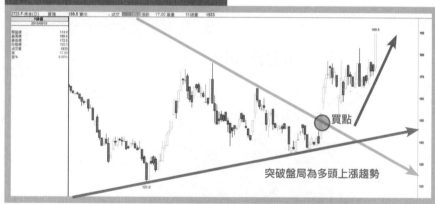

F-美食日線圖：多頭買進訊號

資料來源：精誠速霸贏家

2. 空頭下跌趨勢

當股價向下跌破三角形的支撐線，表示盤勢突破盤局，轉為空頭下跌趨勢，跌破支撐線為賣出訊號，簡稱賣點。

大盤日線圖：空頭賣出訊號

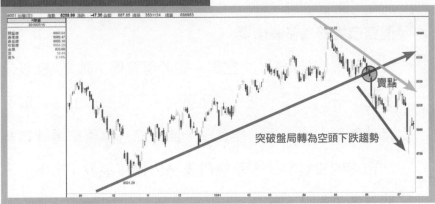

資料來源：精誠速霸贏家

❯ 用X象限判斷多空

　　X象限分析法的X線怎麼畫？先找2個最近的高點將其相連，無限延伸，稱作下降趨勢壓力線；再找2個最近的低點將其相連，無限延伸，稱作上升趨勢支撐線；2線交會，就會構成X象限。

盤整市場轉為多頭市場

　　當股價位於X象限的左側，屬於盤整區，這是X象限分析法的分析源頭，也是常態模式。一旦股價上漲突破下降趨勢壓力線，是絕佳買點，此買點為盤整市場轉為多頭市場的關鍵點，表示股價趨勢由盤整象限（市場），轉為多頭象限（市場）。

盤整轉多頭的轉折點

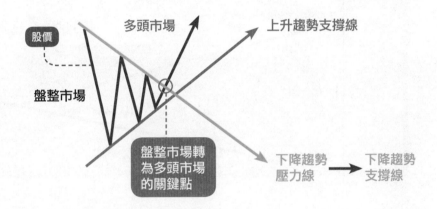

台積電日線圖：多頭轉折點

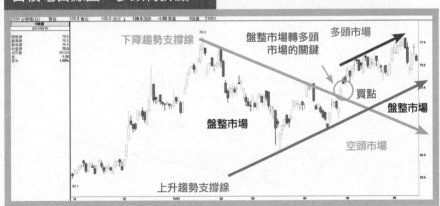

資料來源：精誠速霸贏家

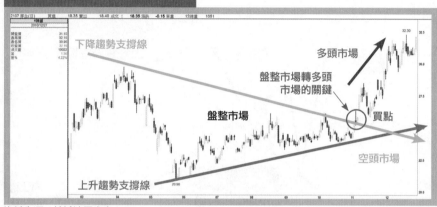

資料來源：精誠速霸贏家

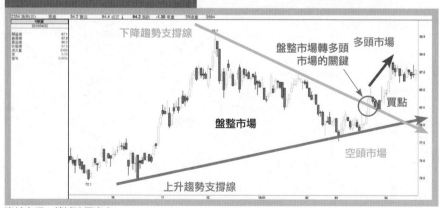

資料來源：精誠速霸贏家

2. 盤整市場轉為空頭市場

　　當股價位於X象限的左側，屬於盤整區，此為X象限分析法的分析源頭，也是常態模式。一旦股價下跌跌破上升趨勢支撐線，是絕佳賣點，此賣點為盤整市場轉為空頭市場的關鍵點，表示股價趨勢由盤整象限（市場），轉為空頭象限（市場）。

盤整轉空頭的轉折點

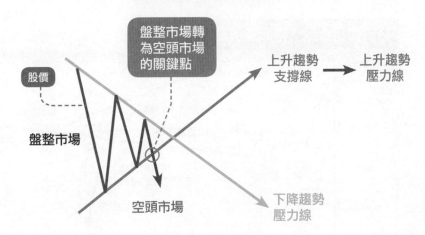

普萊德日線圖：空頭轉折點

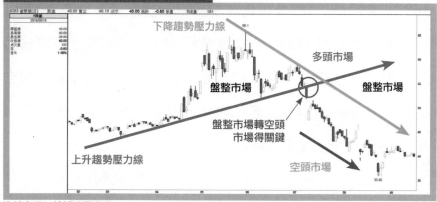

資料來源：精誠速霸贏家

裕日車日線圖：空頭轉折點

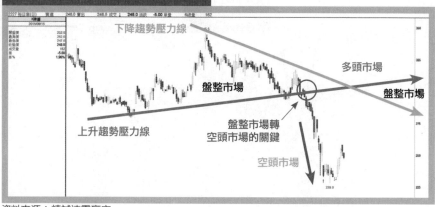

資料來源：精誠速霸贏家

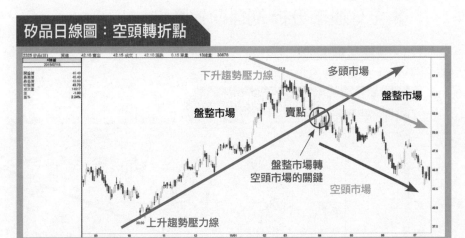

矽品日線圖：空頭轉折點

資料來源：精誠速霸贏家

❯ 全球股市分析 崩盤前找賣點

1. 道瓊工業指數

道瓊指數日線圖：空頭轉折點

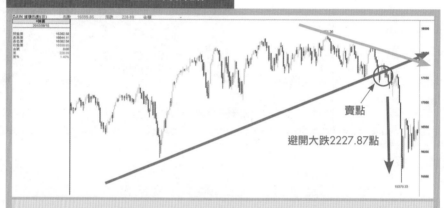

賣點

避開大跌2227.87點

❶ 一旦股價下跌跌破上升趨勢支撐線，是絕佳賣點，此賣點為
　盤整市場轉為空頭市場的關鍵點，表示股價趨勢由盤整象限
　（市場）轉為空頭象限（市場）。

❷ 若投資人在2015年8月3日跌破關鍵點當日的收盤價賣出，就能
　避開大跌2227.87點，減少虧損12.66%的風險。

❸ 反之，若會做空的投資人獲利賣出後，同時反手做空，便能
　賺得波段大跌12.66%的機會財。

資料來源：精誠速霸贏家

2. 歐洲指數

歐洲指數日線圖：空頭轉折點

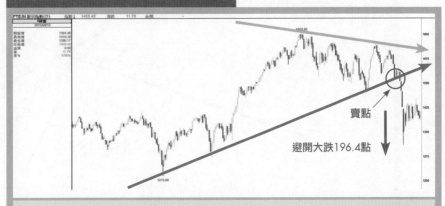

❶ 一旦股價下跌跌破上升趨勢支撐線，是絕佳賣點，此賣點為盤整市場轉為空頭市場的關鍵點，表示股價趨勢由盤整象限（市場）轉為空頭象限（市場）。

❷ 若投資人在2015年8月19日跌破關鍵點當日的收盤價賣出，就能避開大跌196.4點，減少虧損13.04%的風險。

❸ 反之，若會做空的投資人獲利賣出後，同時反手做空，便能賺得波段大跌13.04%的機會財。

資料來源：精誠速霸贏家

3. 台灣加權指數

台灣加權日線圖：空頭轉折點

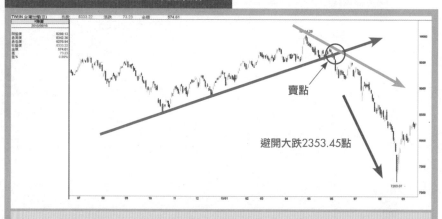

賣點

避開大跌2353.45點

❶ 一旦股價下跌跌破上升趨勢支撐線，是絕佳賣點，此賣點為盤整市場轉為空頭市場的關鍵點，表示股價趨勢由盤整象限（市場）轉為空頭象限（市場）。

❷ 若投資人在2015年6月3日跌破關鍵點當日的收盤價賣出，就能避開大跌2353.45點，減少虧損24.63%的風險。

❸ 反之，若會做空的投資人，獲利賣出後，同時反手做空，便能賺得波段大跌24.63%的機會財。

資料來源：精誠速霸贏家

Note

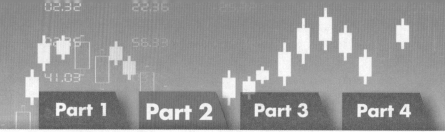

2-4

多空指標分析法：
輕易掌握多空趨勢

多空指標，顧名思義是研判多空趨勢的指標，是技術分析眾多指標中最簡單、實用的指標。

多空指標依時間週期區分為日線、週線和月線。日線圖代表短線，為短線操作者使用；週線圖代表中線，為中線波段操作者使用；月線圖代表長線，為長線操作者使用。多空指標分析法適用於大盤指數，也適用於個股；適用於台灣股市，亦適用於全球股市和期貨等其他

金融商品。

分析師的工作是分析投資標的短期、中期波段和長期趨勢的多空方向，只要掌握多空趨勢，便能做出正確的投資決策，趨勢偏多採偏多操作，逢低買進波段持有；反之，趨勢偏空則偏空操作，持股逢高賣出後，反手放空波段持有。

多空指標是研判短中長線多空趨勢的最佳指標，讀者若能懂得多空指標，就能輕易判斷投資標的多空趨勢，多空雙向都能操作。

❯ 多空指標公式

> 多空指標 ＝（3MA＋6MA＋12MA＋24MA）÷4

多空指標分析法

● 收盤價＞多空指標＝盤勢偏多，持股續抱。

● 收盤價＜多空指標＝盤勢偏空，持股賣出。

日線圖

● 收盤價＞多空指標＝短線盤勢偏多，持股續抱。

● 收盤價＜多空指標＝短線盤勢偏空，持股賣出。

週線圖

● 收盤價＞多空指標＝中線（波段）盤勢偏多，持股續抱。

● 收盤價＜多空指標＝中線（波段）盤勢偏空，持股賣出。

月線圖

● 收盤價＞多空指標＝長線盤勢偏多，持股續抱。

● 收盤價＜多空指標＝長線盤勢偏空，持股賣出。

❯ 歐美股市多空指標應用

道瓊指數 2015/09/01收盤指數16058.35點

①日線圖 收盤價**16058.35**點＜多空指標**16605.08**點＝

－**546.73**點，表示短線盤勢偏空，持股宜賣出觀望。

　　跌破日線圖多空指標，表示短線盤勢由多翻空，收盤價小於多空指標546.73點，表示空方趨勢略勝一籌，短線空頭有546.73點的本錢，若隔天收盤指數未能大漲547點以上，則短線偏空趨勢不變，任何上漲都屬於跌深反彈。

道瓊日線圖：短線偏空

資料來源：精誠速霸贏家

②週線圖 收盤價**16058.35**點＜多空指標**17108.77**點＝

－1050.42點，表示中線盤勢偏空，持股宜賣出觀望。

　跌破週線圖多空指標，表示中線盤勢由多翻空，收盤價小於多空指標1050.42點，表示空方趨勢略勝一籌，中線空頭有1050.42點的本錢，若隔週收盤指數未能大漲1051點以上，則中線偏空趨勢不變，任何上漲都屬於跌深反彈。

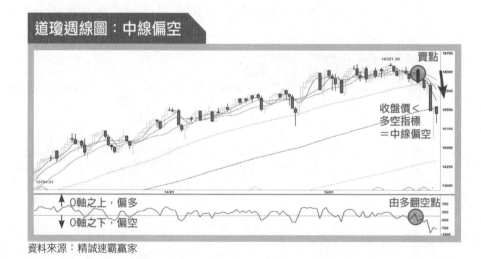

道瓊週線圖：中線偏空

資料來源：精誠速霸贏家

③月線圖 收盤價**16058.35**點＜多空指標**17128.14**點＝

－1069.79點，表示長線盤勢偏空，持股宜賣出觀望。

跌破月線圖多空指標，表示長線盤勢由多翻空，收盤價小於多空指標1069.79點，表示空方趨勢略勝一籌，長線空頭有1069.79點的本錢，若隔月收盤指數未能大漲1070點以上，則長線偏空趨勢不變，任何上漲都屬於跌深反彈。

道瓊月線圖：長線偏空

資料來源：精誠速霸贏家

那斯達克指數 2015/09/01收盤指數4636.10點

①日線圖 收盤價**4636.10**點＜多空指標**4797.43**點＝

－**161.33**點，表示短線盤勢偏空，持股宜賣出觀望。

　　跌破日線圖多空指標，表示短線盤勢由多翻空，收盤

價小於多空指標161.33點，表示空方趨勢略勝一籌，

短線空頭有161.33點的本錢，若隔天收盤指數未能大漲

161.4點以上，則短線偏空趨勢不變，任何上漲都屬於

跌深反彈。

那斯達克日線圖：短線偏空

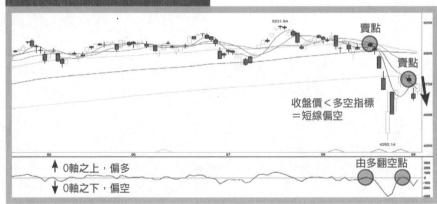

資料來源：精誠速霸贏家

②週線圖 收盤價**4636.10**點＞多空指標**4903.55**點＝

－**267.45**點，表示中線盤勢偏空，持股宜賣出觀望。

跌破週線圖多空指標，表示中線盤勢由多翻空，收盤價小於多空指標267.45點，表示空方趨勢略勝一籌，中線空頭有267.45點的本錢，若隔週收盤指數未能大漲267.5點以上，則中線偏空趨勢不變，任何上漲都屬於跌深反彈。

那斯達克週線圖：中線偏空

收盤價＜多空指標
＝中線偏空

↑ 0軸之上，偏多

↓ 0軸之下，偏空

由多翻空點

資料來源：精誠速霸贏家

③月線圖 收盤價**4636.10點**＜多空指標**4792.21點**＝

　　　　　－156.11點，表示長線盤勢偏空，持股宜賣出觀望。

　　跌破月線圖多空指標，表示長線盤勢由多翻空，收盤
價小於多空指標156.11點，表示空方趨勢略勝一籌，長
線空頭有156.11點的本錢，若隔月收盤指數未能大漲
156.2點以上，則長線偏空趨勢不變，任何上漲都屬於跌
深反彈。

那斯達克月線圖：長線偏空

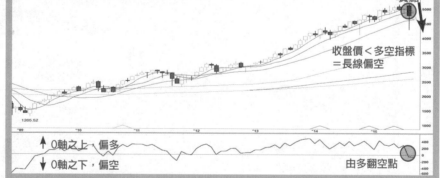

資料來源：精誠速霸贏家

德國DAX指數 2015/09/01收盤指數10015.57點

①日線圖 收盤價**10015.57**點＜多空指標**10374.19**點＝

$-$**358.62**點，表示短線盤勢偏空，持股宜賣出觀望。

跌破日線圖多空指標，表示短線盤勢由多翻空，收盤價小於多空指標358.62點，表示空方趨勢略勝一籌，短線空頭有358.62點的本錢，若隔天收盤指數未能大漲358.7點以上，則短線偏空趨勢不變，任何上漲都屬於跌深反彈。

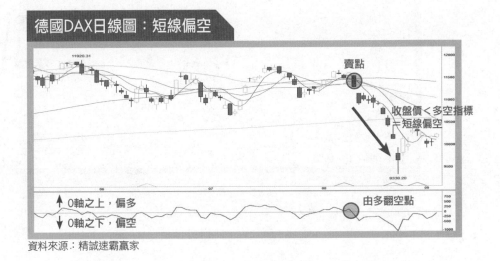

德國DAX日線圖：短線偏空

資料來源：精誠速霸贏家

②週線圖 收盤價10015.57點＜多空指標10800點＝

　　　　－784.43點，表示中線盤勢偏空，持股宜賣出觀望。

　　跌破週線圖多空指標，表示中線盤勢由多翻空，收盤價小於多空指標10800點，表示空方趨勢略勝一籌，中線空頭有784.43點的本錢，若隔週收盤指數未能大漲785點以上，則中線偏空趨勢不變，任何上漲都屬於跌深反彈。

德國DAX週線圖：中線偏空

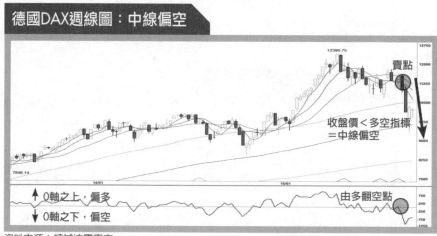

資料來源：精誠速霸贏家

③月線圖 收盤價**10015.57**點＜多空指標**10565.17**點＝

－**549.60**點，表示長線盤勢偏空，持股宜賣出觀望。

跌破月線圖多空指標，表示長線盤勢由多翻空，收盤價小於多空指標549.60點，表示空方趨勢略勝一籌，長線空頭有549.60點的本錢，若隔月收盤指數未能大漲550點以上，則長線偏空趨勢不變，任何上漲都屬於跌深反彈。

德國DAX月線圖：長線偏空

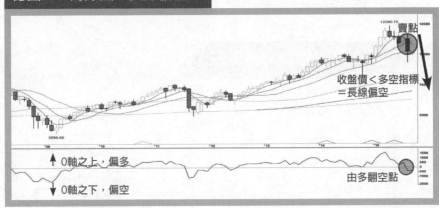

資料來源：精誠速霸贏家

▶ 台股多空指標應用

加權指數 2015/09/01收盤指數10015.57點

①日線圖 收盤價**8095.95點**＞多空指標**8030.25點**＝
＋65.70點短線盤勢偏多，持股續抱。

　　突破日線圖多空指標，表示短線盤勢由空翻多，收盤
價大於多空指標65.70點，表示多方趨勢略勝一籌，短線
多頭有65.70點的本錢，若隔天收盤指數未大跌66點以
上，則短線偏多趨勢不變。

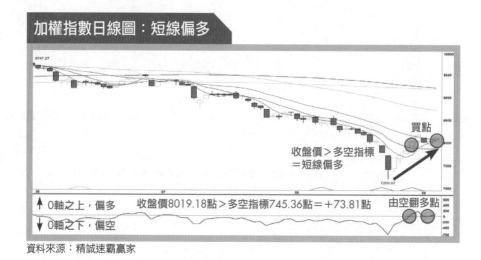

加權指數日線圖：短線偏多

收盤價＞多空指標
＝短線偏多

買點

↑ 0軸之上，偏多　　收盤價8019.18點＞多空指標745.36點＝＋73.81點　　由空翻多點

↓ 0軸之下，偏空

資料來源：精誠速霸贏家

②週線圖 收盤價**8095.95點＜多空指標8500.04點＝**
－404.09點，表示中線盤勢偏空，持股宜賣出觀望。

跌破週線圖多空指標，表示中線盤勢由多翻空，收盤
價小於多空指標404.09點，表示空方趨勢略勝一籌，中
線空頭有404.09點的本錢，若隔週收盤指數未能大漲
405點以上，則中線偏空趨勢不變，任何上漲都屬於跌
深反彈。

加權指數週線圖：中線偏空

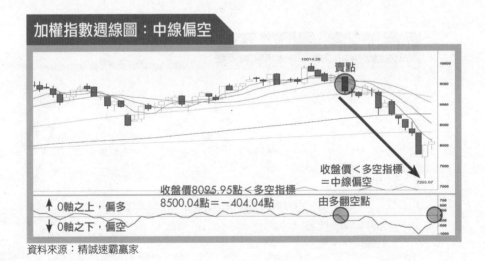

資料來源：精誠速霸贏家

③月線圖 收盤價**8095.95**點＜多空指標**8859.06**點＝

－**763.11**點，表示長線盤勢偏空，持股宜賣出觀望。

　　跌破月線圖多空指標，表示長線盤勢由多翻空，收盤
價小於多空指標763.11點，表示空方趨勢略勝一籌，長
線空頭有763.11點的本錢，若隔月收盤指數未能大漲
764點以上，則長線偏空趨勢不變，任何上漲都屬於跌深
反彈。

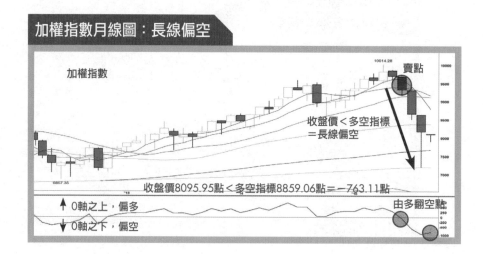

加權指數月線圖：長線偏空

櫃檯指數 2015/09/03收盤指數110.73點

①日線圖 收盤價**110.73**點＞多空指標**108.85**點＝

＋1.88點短線盤勢偏多，持股續抱。

突破日線圖多空指標，表示短線盤勢由空翻多，收盤價大於多空指標1.88點，表示多方趨勢略勝一籌，短線多頭有1.88點的本錢，若隔天收盤指數未大跌1.9點以上，則短線偏多趨勢不變。

櫃檯指數日線圖：短線偏多

資料來源：精誠速霸贏家

②**週線圖** 收盤價**110.73**點＜多空指標**118.74**點＝

　　　−8.01點，表示中線盤勢偏空，持股宜賣出觀望。

　　跌破週線圖多空指標，表示中線盤勢由多翻空，收盤價小於多空指標8.01點，表示空方趨勢略勝一籌，中線空頭有8.01點的本錢，若隔週收盤指數未能大漲8.02點以上，則中線偏空趨勢不變，任何上漲都屬於跌深反彈。

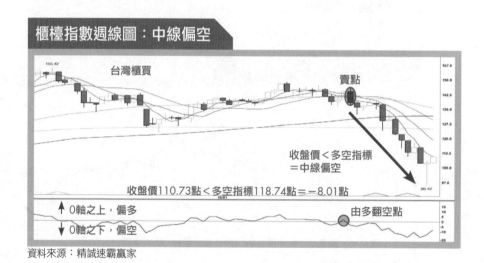

櫃檯指數週線圖：中線偏空

台灣櫃買

賣點

收盤價＜多空指標
＝中線偏空

收盤價110.73點＜多空指標118.74點＝−8.01點

↑ 0軸之上，偏多

↓ 0軸之下，偏空

由多翻空點

資料來源：精誠速霸贏家

③月線圖 收盤價**110.73**點＜多空指標**126.82**點＝

－**16.09**點，表示長線盤勢偏空，持股宜賣出觀望。

跌破月線圖多空指標，表示長線盤勢由多翻空，收盤價小於多空指標16.09點，表示空方趨勢略勝一籌，長線空頭有16.09點的本錢，若隔月收盤指數未能大漲16.1點以上，則長線偏空趨勢不變，任何上漲都屬於跌深反彈。

櫃檯指數月線圖：長線偏空

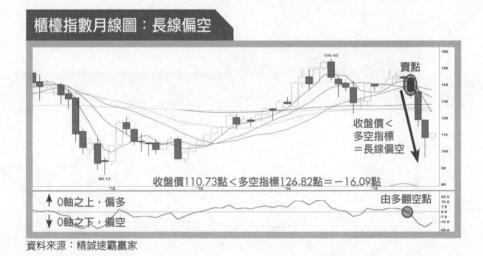

資料來源：精誠速霸贏家

113

台積電 2015/09/03收盤價127元

①日線圖 收盤價**127**元＞多空指標**125.59**元＝
　　　　　＋**1.41**元短線盤勢偏多，持股續抱。

　突破日線圖多空指標，表示短線盤勢由空翻多，收盤價
大於多空指標1.41元，表示多方趨勢略勝一籌，短線多
頭有1.41元的本錢，若隔天收盤指數未大跌1.5元以上，
則短線偏多趨勢不變。

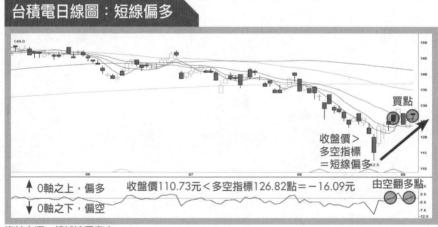

台積電日線圖：短線偏多

資料來源：精誠速霸贏家

②週線圖 收盤價127元＜多空指標131.92元＝

－**4.92**元，表示中線盤勢偏空，持股宜賣出觀望。

跌破週線圖多空指標，表示中線盤勢由多翻空，收盤
價小於多空指標4.92元，表示空方趨勢略勝一籌，中線
空頭有4.92元的本錢，若隔週收盤指數未能大漲5元以
上，則中線偏空趨勢不變，任何上漲都屬於跌深反彈。

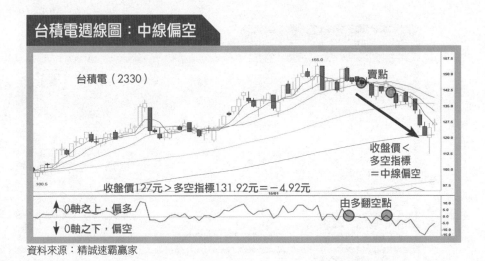

台積電週線圖：中線偏空

台積電（2330）

賣點

收盤價＜
多空指標
＝中線偏空

收盤價127元＞多空指標131.92元＝－4.92元

由多翻空點

↑0軸之上，偏多

↓0軸之下，偏空

資料來源：精誠速霸贏家

115

③月線圖 收盤價127元＜多空指標134.35元＝

　　　　　　－7.35元，表示長線盤勢偏空，持股宜賣出觀望。

　　跌破月線圖多空指標，表示長線盤勢由多翻空，收盤

價小於多空指標7.35元，表示空方趨勢略勝一籌，長線

空頭有7.35元的本錢，若隔月收盤指數未能大漲7.4元以

上，則長線偏空趨勢不變，任何上漲都屬於跌深反彈。

台積電月線圖：長線偏空

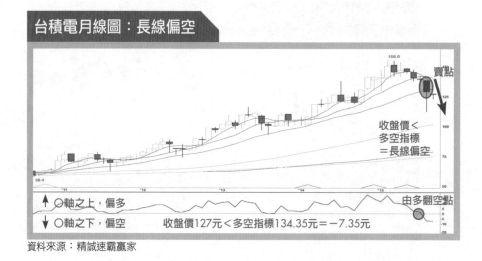

資料來源：精誠速霸贏家

2-5

MACD指標分析法：
研判多空和漲跌

指數平滑異同移動平均線（Moving Average Convergence／Divergence,，簡稱MACD）是金融市場交易中最常見的技術分析指標，由艾培爾（Gerald Appel）於1970年代提出，用於研判金融商品價格變化的強度、方向、能量和趨勢週期，提供金融商品的買進和賣出時機。

MACD指標依時間週期區分為日線、週線和月線。日

線圖代表短線，為短線操作者使用；週線圖代表中線，為中線波段操作者使用；月線圖表長線，為長線操作者使用。MACD指標分析法適用於大盤指數，也適用於個股；不僅適用於台灣股市，亦適用於全球股市和期貨等其他金融商品。

MACD指標幾乎所有投資人都認識它、使用它，但是運用之妙在於經驗，我運用MACD指標實戰超過20年，運用在全球股市、台灣股市、期貨市場、類股和個股的投資上，期間經歷過多頭市場、盤整市場和空頭市場，包括1989年台灣和日本股市泡沫、1997亞洲金融風暴、2000年網路泡沫、2007～2008年美國次級房貸金融風暴等。經過多年實戰的驗證，我對MACD指標有獨到見解，願分享給讀者們。

❯ MACD指標運用3步驟

MACD指標的運用應遵循以下3步驟。

步驟① 先看DIF和MACD兩條線

若DIF和MACD兩條線位於0（零）軸之上，表示投資標的處於多頭市場。

大盤日線圖：多頭市場

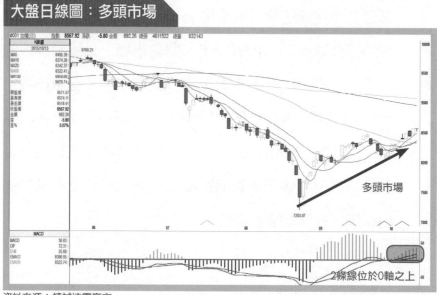

資料來源：精誠速霸贏家

若DIF和MACD兩條線是位於0軸之下，表示投資標的處於空頭市場。

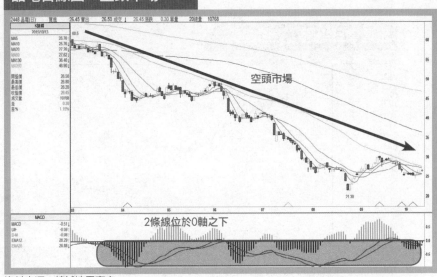

晶電日線圖：空頭市場

資料來源：精誠速霸贏家

步驟❷ 次看MACD指標的柱狀圖

　　若MACD指標的柱狀圖位於0軸之上，表示投資標的處

於上漲趨勢。

宏達電日線圖：上漲趨勢

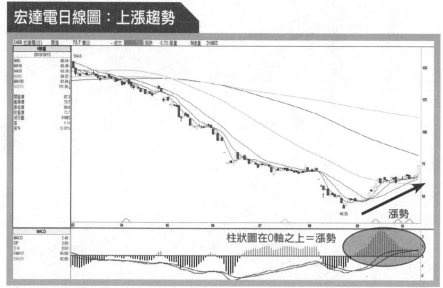

資料來源：精誠速霸贏家

若MACD指標的柱狀圖位於0軸之下，表示投資標的處

於下跌趨勢。

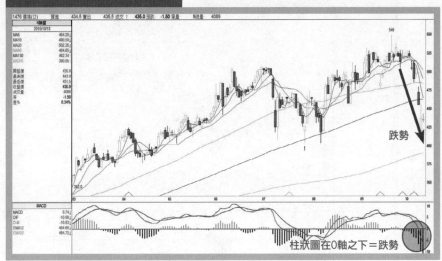

儒鴻日線圖：下跌趨勢

資料來源：精誠速霸贏家

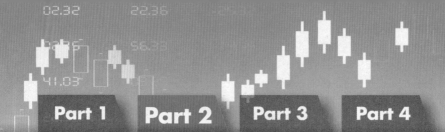
　　MACD指標的柱狀圖位於0軸之上，最長的那根柱狀圖
表示，投資標的的價位處於最高點。

大盤日線圖：價位處於高點

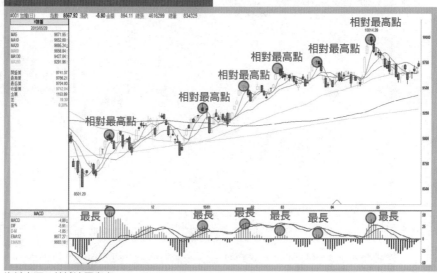

資料來源：精誠速霸贏家

MACD指標的柱狀圖位於0軸之下，最長的那根柱狀圖表示，投資標的的價位處於最低點。

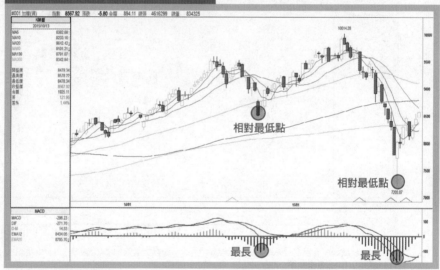

大盤週線圖：價位處於低點

資料來源：精誠速霸贏家

 **最後看MACD指標的黃金交叉和死亡交叉**

當DIF由下往上穿越MACD，稱為黃金交叉買點。

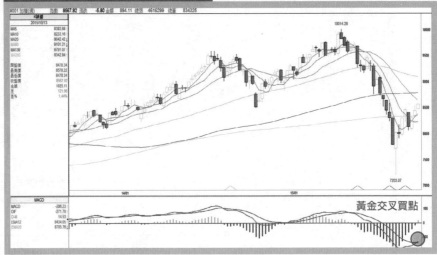

大盤週線圖：黃金交叉買點

資料來源：精誠速霸贏家

出現黃金交叉買點的同時，柱狀圖由0軸之下翻到0軸之上的第1根，表示跌勢結束、漲勢開始。

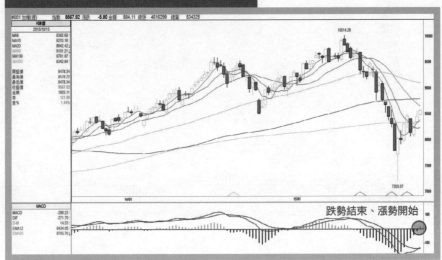

大盤週線圖：跌勢結束、漲勢開始

資料來源：精誠速霸贏家

當DIF由上往下跌破MACD，稱為死亡交叉賣點。

大立光週線圖：死亡交叉賣點

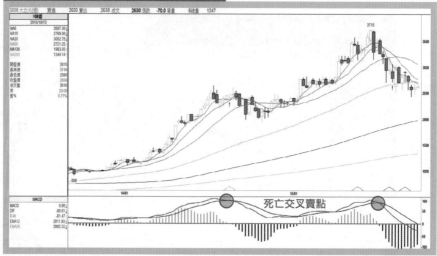

資料來源：精誠速霸贏家

出現「死亡交叉」賣點的同時，柱狀圖由0軸之上翻到0軸之下的第1根，表示漲勢結束、跌勢開始。

大立光週線圖：漲勢結束、跌勢開始

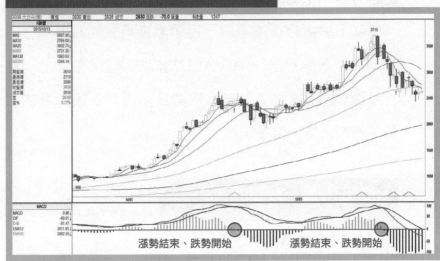

資料來源：精誠速霸贏家

❯ 運用 MACD 研判多空 4 模式

MACD指標可以用來研判投資標的的多空和漲跌趨勢，共有4個模式。

模式❶ 多頭市場的漲勢

MACD指標分析法可以一目了然直覺式地知道現在盤勢的多空狀態：當DIF和MACD兩條線位於0軸之上，且柱狀圖位於0軸之上，表示盤勢目前處於多頭市場的漲勢，持股續抱、偏多操作。

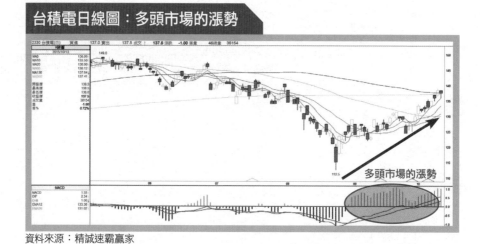

台積電日線圖：多頭市場的漲勢

資料來源：精誠速霸贏家

模式② 多頭市場的跌勢

　　MACD指標分析法可以一目了然直覺式地知道現在盤勢的多空狀態：當DIF和MACD兩條線位於0軸之上，但是柱狀圖位於0軸之下，表示盤勢目前處於多頭市場的跌勢，也就是處於漲多拉回修正階段，持股減碼、觀望操作。

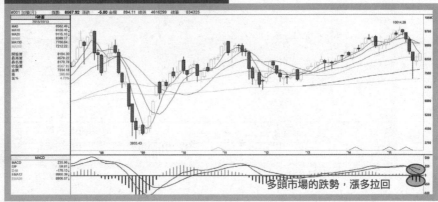

資料來源：精誠速霸贏家

模式③ 空頭市場的跌勢

MACD指標分析法可以一目了然直覺式地知道現在盤勢的多空狀態:當DIF和MACD兩條線位於0軸之下,且柱狀圖亦位於0軸之下,表示盤勢目前處於空頭市場的跌勢,持股宜賣出觀望,或空單續抱、偏空操作。

聯發科週線圖:空頭市場的跌勢

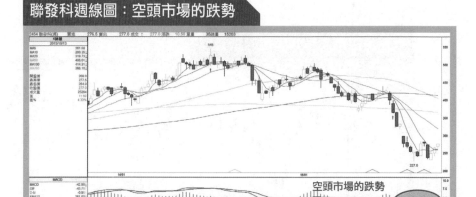

資料來源:精誠速霸贏家

模式④ 空頭市場的漲勢

　　MACD指標分析法可以一目了然直覺式地知道現在盤勢的多空狀態：當DIF和MACD兩條線位於0軸之下，但是柱狀圖位於0軸之上，表示盤勢目前處於空頭市場的漲勢，也就是處於跌深反彈階段，應持股續抱，套牢者趁反彈逢高減碼；搶反彈者待反彈結束時，獲利了結、賣出觀望。

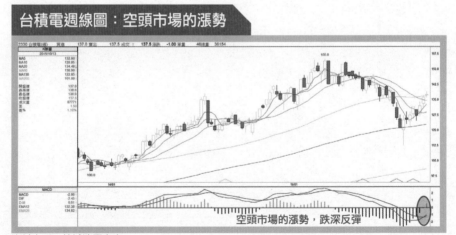

台積電週線圖：空頭市場的漲勢

空頭市場的漲勢，跌深反彈

資料來源：精誠速霸贏家

Part 3
1張表格
判斷多空

藉著自創的「法人籌碼分析統計表」，一張看似簡單無趣的紀錄表，讓我在股市20多年屹立不搖。

3-1~ 3-8

3-1

法人籌碼分析統計表的妙用

先 畫出以下這張表格，你也可以至以下網址下載
Excel檔案：https://goo.gl/1gq6ZV

年　月							法人籌碼分析統計表									
1	2	3	4	5	6	7	8	9	10	11	12	13	14	15	16	17
日期	融資	資增減	融券	券增減	外資	投信	自營	收盤指數	漲跌	成交量	外資期貨	外資未平倉	外資選擇權	外資未平倉	自營商選擇權	自營商未平倉
	(億元)	(億元)	(張)	(張)	(億元)	(億元)	(億元)	(點)	(點)	(億元)	(口)	(口)	(口)	(口)	(口)	(口)

▶ 1張表格為什麼可以判斷多空？

我每天一筆筆地紀錄數據，超過10年之久，就像寫股市日記一樣，10多年不曾中斷，其間經歷過多頭市場、盤整市場和空頭市場。經過10多年的股市實證，這張無價之寶的表格，發揮極大的效用。

在股市還未大漲之前，從表格的紀錄中，可以發現起漲訊號的蛛絲馬跡；反之，當股價由多翻空或崩跌前，這張奇妙的紀錄表，也會透露出起跌訊號的蛛絲馬跡，讓我在股市屹立20多年，從未套牢在頭部區。

這一張看似簡單無趣的紀錄表，裡面其實藏著等待伯樂發掘的金脈，如宋真宗《勸學詩》云：「富家不用買良田，書中自有千鍾粟；安房不用架高堂，書中自有黃金屋；娶妻莫恨無良媒，書中自有顏如玉；出門莫恨無人隨，書中車馬多如簇；男兒欲遂平生志，六經勤向窗前讀。」

這張奇妙的紀錄表，我把它命名為「法人籌碼分析統

計表」，用它可以研判盤勢的多空，包含以下7種研判分
析法：

❶ 資券關係分析法

資券關係可分為8種模式，4種多頭市場模式和4種空
頭市場模式。從欄位2～5和10可以統計出每天資券關係
的變化，並呈現出多頭或空頭模式。每天紀錄，每週研
判1次，若呈現多頭模式則偏多操作，反之，若呈現空頭
模式則偏空操作。

❷ 籌碼面分析法

每天紀錄三大法人（外資、投信和自營商）的買賣超
金額，並觀察三大法人是否聯袂買超？

法人是以基本面選股波段操作，若是聯袂買超，表示
三大法人一致看好，股價會有波段行情可期；若是土洋
對作，而不是聯袂買超，則股價僅是短線上漲或反彈。
反之，若是聯袂賣超，表示三大法人一致看壞，股價恐
會有波段下跌走勢；若是土洋對作，而不是聯袂賣超，

則股價僅是短線走跌或拉回修正。

從欄位6～8可以統計出三大法人每天的買賣超金額變化，每天紀錄，每週研判1次，若呈現聯袂買超模式則偏多操作，反之，若呈現聯袂賣超模式則偏空操作。

❸ 法人盤 vs 散戶盤多空分析法

每天紀錄三大法人（外資、投信和自營商）的買賣超金額，以及融資餘額的增減金額，並觀察三大法人是否聯袂買超或合計買超，而融資餘額卻持續減少？

三大法人買進而融資散戶賣出，我稱其為「法人盤」；三大法人聯袂賣超或合計賣超，而融資餘額卻持續增加，也就是三大法人賣出而融資散戶買進，我稱其為「散戶盤」。

從欄位3和6～8可以統計出每天融資餘額的增減金額，以及三大法人的買賣超金額變化。每天紀錄，每週研判1次，若呈現「法人盤」模式則偏多操作，反之，若呈現「散戶盤」模式則偏空操作。

❹ 量價關係分析法

量價關係分為4種模式，2種多頭市場模式和2種空頭市場模式。多頭市場模式為「價漲量增」和「價跌量縮」；空頭市場模式為「價漲量縮」和「價跌量增」。

從欄位9～11可以統計出每天量價關係的漲跌變化，每天紀錄，每週研判1次，若呈現「多頭市場」模式則偏多操作，反之，若呈現「空頭市場」模式則偏空操作。

❺ 融資 vs 大盤多空分析法

從融資餘額的增減幅度（百分比）和大盤指數的漲跌幅度比較，可以產生4種研判盤勢多空的經驗法則：

法則❶ 盤勢上漲時，若融資餘額的增加幅度＜大盤指數的上漲幅度，表示散戶還未積極進場買進，籌碼面屬於沉澱狀態，股價還會續漲。

法則❷ 盤勢上漲時，若融資餘額的增加幅度＞大盤指數的上漲幅度，表示散戶都積極（瘋狂）追價買進，籌碼面屬於凌亂狀態，股價漲勢恐將結束，

醞釀拉回修正。

法則③ 盤勢下跌時，若融資餘額的減少幅度＜大盤指數的下跌幅度，表示散戶還未認賠（斷頭）賣出，籌碼面屬於凌亂狀態，股價恐將形成一波融資多殺多的急跌走勢。

法則④ 盤勢下跌時，若融資餘額的減少幅度＞大盤指數的下跌幅度，表示散戶大都認賠（斷頭）賣出，籌碼面屬於沉澱狀態，股價醞釀展開一波跌深反彈或回升行情。

從欄位2～3和9～10可以統計出每天融資餘額的增減幅度，以及大盤指數的漲跌幅度的變化。每天紀錄，每週研判，若盤勢上漲、呈現法則1，以及盤勢下跌、呈現法則4，則偏多操作；反之，若盤勢上漲、呈現法則2，以及盤勢下跌、呈現法則3，則偏空操作。

⑥ 平均成本分析法

將每天的收盤指數相加再除以5，等於最近一週的平均

成本；除以8，等於最近8天的平均成本；除以22，約等於最近一個月的平均成本；依此類推，可計算不同時間的平均成本。

計算平均成本有什麼作用？股價上漲時，股價大於平均成本，當股價漲多拉回修正時，平均成本就會形成支撐；反之，股價下跌時，股價小於平均成本，當股價跌深反彈時，平均成本就會形成壓力。

從欄位9可以統計出每天的收盤價變化，每天紀錄，每週研判1次，若股價位於平均成本之上，則偏多操作；反之，若股價位於平均成本之下，則偏空操作。

❼ 期權關係分析法

期貨和選擇權是股市的領先指標，實務上，期貨市場看外資臉色，選擇權則看自營商臉色，外資期貨買賣超決定期貨的漲跌方向，自營商選擇權的買賣超決定選擇權的多空方向。

當外資在期貨市場的每日買賣情形為買超，且未平倉

口數為正數，表示外資對盤勢看漲偏多，若外資在現貨市場亦同步買超且連續買超，則更確立盤勢上漲的方向；反之，若外資在期貨市場的每日買賣情形為賣超，且未平倉口數為負數，表示外資對盤勢看跌偏空，若外資在現貨市場亦同步賣超且連續賣超，則更確立盤勢下跌的方向。

從欄位6和12～13可以統計出外資在現貨和期貨市場的每天買賣超變化，每天紀錄，每週研判1次，若外資在期貨市場的未平倉口數為正數，且現貨亦連續買超時，則偏多操作，反之，若外資在期貨市場的未平倉口數為負數，且現貨亦連續賣超時，則偏空操作。

▶ 法人籌碼分析統計表的內容

左上角的「年和月」欄位填入年份和月份，一張表格可供一個月使用。

第1欄「日期」：
輸入每天的日期。

第2欄「融資」：
輸入每天的大盤融資餘額（億元）。

第3欄「資增減」：
輸入每天的大盤融資增減金額（億元）。

第4欄「融券」：
輸入每天的大盤融券餘額（張數）。

第5欄「券增減」：
輸入每天的大盤融券的增減（張數）。

第6欄「外資」：
輸入每天的外資買超或賣超的金額（億元）。

第7欄「投信」：
輸入每天的投信買超或賣超的金額（億元）。

第8欄「自營商」：
輸入每天的自營商買超或賣超的金額（億元）。

第9欄「收盤指數」：
輸入每天的大盤收盤指數（點數）。

第10欄「漲跌」：
輸入每天的大盤指數上漲或下跌的點數。

第11欄「成交量」：
輸入每天大盤的成交金額（億元）。

第12欄「外資期貨」：
輸入每天外資在期貨市場做多或做空的部位（口數）。

第13欄「外資（期貨）未平倉」：
輸入每天外資在期貨市場的未平倉口數。

第14欄「外資選擇權」：
輸入每天外資在選擇權市場做多或做空的部位（口數）。

第15欄「外資（選擇權）未平倉」：
輸入每天外資在選擇權市場的未平倉口數。

第16欄「自營商選擇權」：
輸入每天自營商在選擇權市場做多或做空的部位（口數）。

第17欄「自營商（選擇權）未平倉」：
輸入每天自營商在選擇權市場的未平倉口數。

❯ 學習法人籌碼分析統計表

- 資券關係（2～5）的運用，參見〈3-2 資券關係分析法〉的詳細說明。

- 籌碼面關係（6～8）的運用，參見〈3-3 籌碼面分析法〉的詳細說明。

- 法人盤與散戶盤關係（2和6～8）的運用，參見〈3-4 法人盤vs散戶盤多空分析法〉的詳細說明。

- 量價關係（10～11）的運用，參見〈3-5 量價關係分析法〉的詳細說明。

- 籌碼沉澱與安定關係（2～3和9～10）的運用，參見〈3-6 融資vs大盤多空分析法〉的詳細說明。

- 平均成本（9）的運用，參見〈3-7 平均成本分析法〉的詳細說明。

●外資股市與期權關係（12～17）的運用，參見〈3-8
期權關係分析法〉的詳細說明。

➤ 每天只花5分鐘紀錄

　　每天收盤後，融資融券資料會在傍晚5、6點公布，所
以讀者只要在每天傍晚6點左右，花5分鐘填完表格，然
後每週研判1次。填完後要養成每天判讀（使用）的習
慣，持續累積才能達到效果。

　　法人籌碼分析統計表詳細紀錄1個月的股市重要資訊，
其中的數據會說話，可透露出市場的多空變化跡象（例
如：資券關係的變化、三大法人的買賣超、量價關係、融
資與大盤的多空關聯性、法人盤與散戶盤的研判、期貨與
選擇權的多空變化等），漲跌趨勢一目了然，每天勤奮地
花5分鐘紀錄，持之以恆，大盤漲跌就了然於胸，只要順
勢操作，保證不會發生「散戶死在山頂上」的憾事。

　　我每天詳細紀錄法人籌碼分析統計表，10多年從來沒

股市資料去哪裡查？

　　股市收盤後的各項資料，除了可查詢看盤軟體（如精誠速霸贏家）和投資網站（如Yahoo!奇摩股市、鉅亨網），也可進入證交所和期交所的官網。把網頁加到「我的最愛」，每天只花5分鐘，就能填完表格。

證交所 www.twse.com.tw

在首頁就看得到融資、融券、三大法人買賣超等表格中2～11欄相關資料，依項目點進去即可。

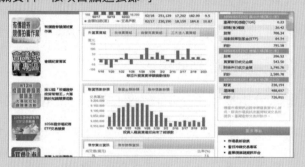

期交所 www.taifex.com.tw

●期貨：首頁→交易資訊→區分各期貨契約→依日期，頁面會出現一張大表格，在「臺指期貨」的「外資」中，將「交易口數」及「未平倉餘額」的「多空淨額」口數填入12、13欄。

●選擇權：首頁→交易資訊→區分各選擇權契約→依日期，頁面會跑出一張大表格，在「臺指選擇權」中的「外資」及「自營商」中，將「交易口數」及「未平倉餘額」的「多空淨額」口數填入表格14～17欄。

有發生追高被套牢在頭部區（死在山頂上）的憾事，而且每次的股災都能倖免於難。

我為何這麼幸運、這麼厲害？其實不是我很厲害，而是「天公疼憨人」，我每天收盤後，傻傻地花5分鐘紀錄表中的每個數據，每週研判1次，即可了解本週數據是呈現多頭或空頭，隔週順勢操作，如此持之以恆，就能立於不敗之地，穩中求勝。

我曾經有一段時間很忙而未紀錄，幾個禮拜沒有紀錄，就會產生惰性，惰性一來就麻煩了，因為要重新開始紀錄需要決心，有點類似減肥或戒菸，如果沒有非常強的決心和毅力，將無法達成目標。好在，紀錄表格沒有減肥或戒菸那麼難。

在那段未紀錄的墮落期，我在操作時感覺好像蒙著眼睛開車，非常危險，在多空方向不明的狀況下，若順向開車還好，逆向開車就事情大條了，所以在這段期間的操作很不順利，可見每天花5分鐘是多麼重要。

　　股市名言：「機會是留給用功且準備好的人。」在股市中賺到錢的人，都是用功的人，在賺到財富的投資人當中，有人研究基本面，有人研究技術面，有人研究總經面，有人研究籌碼面，有人研究程式交易，有人研究政策面，有人研究消息面。不論研究什麼，只要持之以恆，必能從中找到賺錢的密碼、獲利的DNA。

　　舉一個實例，10多年前，有一位小學畢業的散戶投資人，他專門研究某一家證券商的買賣進出表，長期追蹤之後發現，這家券商買超第一名的股票都會上漲，賣出之後都會下跌。

　　於是他採取跟單策略，只要這家券商買進第一名的股票就跟單買進，賣出之後也跟單賣出。長期下來，讀者猜猜看，這位僅有小學畢業的散戶投資人，投資結果如何？答案揭曉：他變成億萬富翁。

　　想在股市投資賺大錢，沒有包打聽這麼不勞而穫的捷

徑，唯有每天花5分鐘做功課且持之以恆。每天只花5分鐘，不一定能賺到大錢，但是根據我的經驗，絕對不會發生追高被套牢的憾事，正所謂「留得青山在，不怕沒材燒」，股市的常勝軍是先保本，穩中求利，之後才是擴大戰果，一網打盡大豐收。

3-2

資券關係分析法：
判斷多空 順勢操作

資券關係是與證券商有關的借貸關係，常態狀況之下的融資成數是：投資人自備4成（40%）的自有資金，證券商借投資人6成（60%）的資金，證券商針對放貸的6成資金，向投資人收取利息。融券成數則是投資人向證券商借股票賣出，必須自備9成（90%）的自有資金作抵押。

當股市出現大幅重挫或發生股災，政府會祭出平盤下

不得放空和提高融券成數的措施，2015年8月大陸股災，引發全球股市聯袂重挫，金管會就是老套重彈，實施平盤下不得放空和提高融券成數到120%。

證券商借投資人6成資金，並向投資人收取利息，使得融資具有約2.5倍的桿杆效果。舉例說明，如果台積電的價位是100元，用現股買1張約10萬元，投資人若採用融資買進，只要自備4成自有資金，4萬元就能買1張台積電，10萬元就能買2.5張。當股價上漲，每天是2.5倍地漲，財富呈現陡升擴增效果；反之，當盤勢由多反空、變成跌勢時，每天亦是2.5倍幅度下跌，財富呈現急速縮水效果。

投資人的心情將因融資而忐忑不安、食不知味、夜不能眠，每天都期待反彈或大漲，深怕接到券商的補繳通知或斷頭令。2015年8月陸股崩跌，大陸網路媒體報導，有一位富豪使用融資操作，資產從1億人民幣變成300萬人民幣，可見使用融資做錯方向的可怕。

　　台灣也有類似的真人故事，一位貴婦使用融資操作，在股市連續大跌的過程中，不斷接到券商的補繳通知，補繳完，股價還繼續跌，輸掉2棟豪宅和珠寶首飾，股價仍未止跌，最後被券商斷頭出場。這是股市還是命運捉弄人呢？當貴婦斷頭出場後，幾乎賣在最低點，股市沒多久就反彈，進而轉為大漲，最後甚至由空翻多，貴婦淪為路邊攤小販，終日抱憾以淚洗面。

　　難怪德國股神科斯托蘭尼（André Kostolany）和日本股神是川銀藏都告誡我們，不要使用融資操作。除非讀者是高手，且有嚴謹的停損機制，能嚴格執行停損，才可以使用融資操作。

❯ 資券關係＝多空關係

　　資券關係簡單說就是多空關係，從中可以獲得以下的經驗法則：

● 看多的人會用融資買進，看空的人用融券賣出（放

空）。

● 融資增加，表示買盤看多；融券增加，表示賣盤看空。

● 融資減少，表示買盤看空；融券減少，表示賣盤看多。

● 融資操作是先買後賣，表示看多未來趨勢，但是融資
  如持續增加，表示未來蓄積了很大的賣盤（壓）。

● 融券操作是先賣後買，表示看空未來趨勢，但是融券
  如持續增加，表示未來蓄積了很大的買盤。

● 當股價上漲時，使用融資買進者獲利，使用融券放空
  者套牢虧損。

● 當股價下跌時，使用融資買進者套牢虧損，使用融券
  放空者獲利。

❯ 8種資券關係代表的意義

隨著股價多空趨勢的變化，會產生8種資券關係，這是
研究資券關係的精髓所在：

❶ **資增券增價漲**：股價上漲時，融資增加，做多者獲

利;融券增加,做空者套牢虧損,多頭略勝一籌。股價若續漲,未來有融券回補買盤支撐,股價仍會續漲。反之,股價若下跌,融資增加的籌碼將成為未來的賣壓。

❷ **資增券增價跌**:股價下跌時,融資增加,做多者套牢虧損;融券增加,做空者獲利。股價若續跌,融資增加的籌碼將成為未來的賣壓;反之,若股價上漲,融券增加的籌碼將成為回補買盤,有助股價續漲。

❸ **資增券減價漲**:股價上漲時,融資增加,做多者獲利;融券減少,做空者認輸回補,未來只剩下融資增加的籌碼。一旦漲勢轉為跌勢,融資增加的籌碼將成為融資多殺多的賣壓來源。

❹ **資增券減價跌**:股價下跌時,融資增加,做多者套牢虧損;融券減少,放空者獲利回補,未來只剩下融資增加的籌碼。股價若續跌,將醞釀形成融資多殺多的崩跌走勢。

❺ **資減券增價漲**：股價上漲時，融資減少，做多者獲利賣出；融券增加，放空者套牢虧損，未來只剩下融券增加的放空籌碼。股價若續漲，將醞釀形成融券軋空認賠回補走勢。

❻ **資減券增價跌**：股價下跌時，融資減少，做多者認賠賣出；融券增加，做空者獲利，未來只剩下融券增加的放空籌碼。股價若續跌，融券回補買盤會形成支撐作用。反之，若股價由空翻多，融券增加的放空籌碼將形成一波軋空回補買盤，盤勢醞釀由空翻多。

❼ **資減券減價漲**：股價上漲時，融資減少，做多者獲利賣出；融券減少，做空者認賠賣出，漲勢不會長久。

❽ **資減券減價跌**：股價下跌時，融資減少，做多者認賠賣出；融券減少，做空者獲利賣出，行情續跌。

8 種資券關係

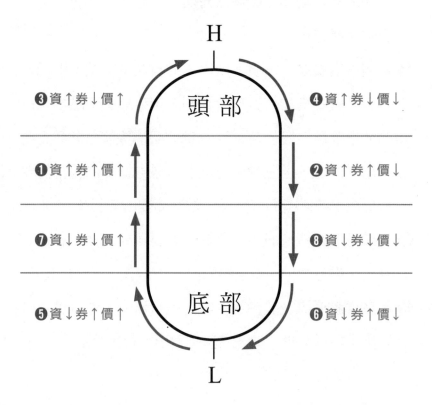

▶ 資券關係可研判盤勢

從8種資券關係中，我們可以研判盤勢的未來走向：

❶ **資增券增價漲**：盤勢處於多頭市場的主升段，行情將續漲。

❷ **資增券增價跌**：盤勢處於多頭市場的拉回修正，跌勢不會長久。

❸ **資增券減價漲**：盤勢處於多頭市場的末升段頭部區，漲勢醞釀由多翻空。

❹ **資增券減價跌**：盤勢處於空頭市場的初跌段，醞釀形成崩跌走勢。

❺ **資減券增價漲**：盤勢處於多頭市場的初升段，醞釀形成軋空走勢。

❻ **資減券增價跌**：盤勢處於空頭市場的末跌段底部區，跌勢醞釀由空翻多。

❼ **資減券減價漲**：盤勢處於空頭市場的反彈，漲勢不會長久。

❽ **資減券減價跌**：盤勢處於空頭市場的主跌段，行情將續跌。

❯ 多頭市場的資券關係

若依市場區分，8種資券關係中，有4種處於多頭市場、4種處於空頭市場。

多頭市場的4種資券關係為：資減券增價漲、資增券增價漲、資增券增價跌、資增券減價漲。

當股價跌到底部區，醞釀由空翻多時，資券關係最先出現「資減券增價漲」，盤勢形成初升段的軋空走勢；接著盤勢進入主升段行情，資券關係會出現「資增券增價漲」。當主升段進入尾聲時，資券關係會出現「資增券增價跌」；當盤勢漲到末升段的頭部區，資券關係會出現「資增券減價漲」：

資減券增價漲：出現在多頭市場的底部區初升段。

資增券增價漲：出現在多頭市場半山腰的主升段前半段。

資增券增價跌：出現在多頭市場半山腰的主升段後半段。

資增券減價漲：出現在多頭市場的頭部區末升段。

▶ 空頭市場的資券關係

　空頭市場的4種資券關係為：資增券減價跌、資減券減價跌、資減券減價漲、資減券增價跌。

　當股價漲到頭部區，醞釀由多翻空時，資券關係最先出現「資增券減價跌」，盤勢形成初跌段的崩跌走勢；接著盤勢進入主跌段行情，資券關係會出現「資減券減價跌」。當主跌段進入尾聲時，資券關係會出現「資減券減價漲」；當盤勢跌到末跌段的底部區，資券關係會出現「資減券增價跌」：

資增券減價跌：出現在空頭市場的頭部區初跌段。

資減券減價跌：出現在空頭市場半山腰的主跌段前半段。

資減券減價漲：出現在空頭市場半山腰的主跌段後半段。

資減券增價跌：出現在空頭市場的底部區末跌段。

❯ 股市所處位置的資券關係

若依股市所處位置來區分，資券關係有2種出現在底部區、2種出現在頭部區、2種出現在上漲的半山腰、2種出現在下跌的半山腰。

底部區的資券關係：資減券增價跌、資減券增價漲

底部區出現的2種資券關係是固定模式，是非常重要的底部多空轉折，也是研判底部區的重要資訊。

當股價跌到相對低檔區時，若看見資券關係呈現「資減券增價跌」，表示股價已經來到底部區的右半部，

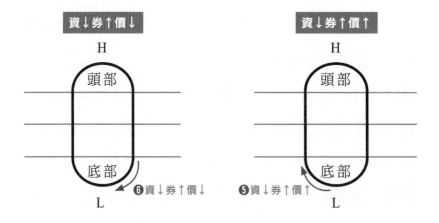

醞釀由空翻多。一旦看見資券關係呈現「資減券增價漲」，表示股價已經來到底部區的左半部，由空翻多形成初升段。

上漲半山腰的資券關係： 資增券增價漲、資增券增價跌

上漲半山腰出現的2種資券關係不是固定模式，「資增券增價漲」和「資增券增價跌」出現的先後順序不固定，互為領先。當看見資券關係呈現「資增券增價漲」和「資增券增價跌」，表示行情處於多頭市場的上漲半山腰主升段。

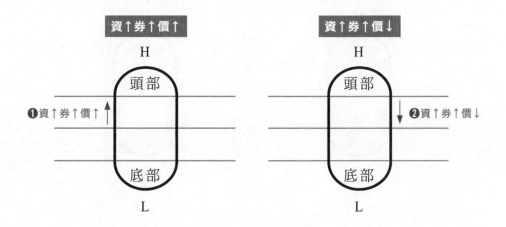

頭部區的資券關係：資增券減價漲、資增券減價跌

　　頭部區出現的2種資券關係是固定模式，是非常重要的頭部多空轉折，也是研判頭部區的重要資訊。

　　當股價漲到相對高檔區時，若看見資券關係呈現「資增券減價漲」，表示股價已經來到頭部區的左半部，醞釀由多翻空。一旦看見資券關係呈現「資增券減價跌」，表示股價已經來到頭部區的右半部，由多翻空形成初跌段。

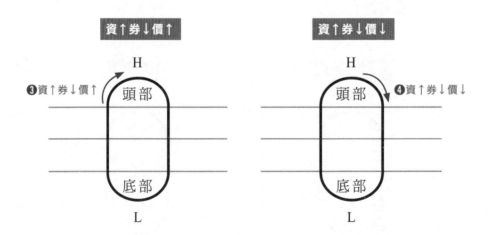

下跌半山腰的資券關係：資減券減價跌、資減券減價漲

下跌半山腰出現的2種資券關係不是固定模式，「資減券減價跌」和「資減券減價漲」出現的先後順序不固定，互為領先。當看見資券關係呈現「資減券減價跌」和「資減券減價漲」，表示行情處於空頭市場的下跌半山腰主跌段。

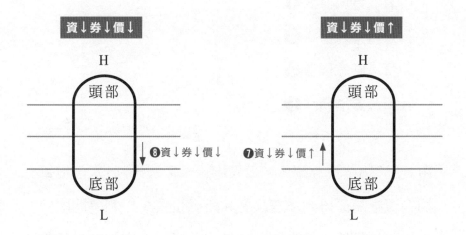

❯ 利用資券關係判斷多空

出現多頭市場4種資券關係之一，順勢偏多操作：

1. 資減券增價漲❺

2. 資增券增價漲❶

3. 資增券增價跌❷

4. 資增券減價漲❸

反之，出現空頭市場4種資券關係之一，則順勢偏空操作：

1. 資增券減價跌❹

2. 資減券減價跌❽

3. 資減券減價漲❼

4. 資減券增價跌❻

法人籌碼分析統計表第2、3、4、5、9、10欄位，是用於紀錄8種資券關係。每天紀錄，每週研判1次，從每週的資券關係研判多空趨勢和所處位置，以利隔週順勢操作；每月總結資券關係的結果，研判多空趨勢和所處

最重要的資券關係和位置

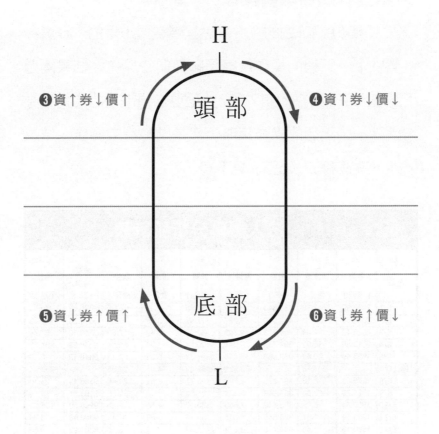

位置，以利隔月順勢操作。

❯ 看資券關係順勢操作

2015年6月第1週的資券關係呈現空頭市場的「資減券減價跌」，隔週的操作策略是順勢偏空操作，結果隔週下跌獲利38.20點。第2週仍然呈現空頭市場的「資減券增價跌」，隔週的操作策略仍然是順勢偏空操作，結果隔週下跌獲利83.56點。見下表。

2015 年 6 月			法人籌碼分析統計表						
1 日期	2 融資 （億元）	3 資增減 （億元）	4 融券 （張）	5 券增減 （張）	6 外資 （億元）	7 投信 （億元）	8 自營 （億元）	9 收盤 指數 （點）	10 漲跌 （點）
6/1	2036.00	-2.90	398,843	-6,871	-91.28	-5.11	-15.95	9625.69	-75.38
6/2	2034.40	-1.60	402,070	3,227	-17.92	-10.05	-10.31	9614.26	-11.43
6/3	2029.52	-4.89	411,773	9,703	-30.57	-6.49	-12.62	9556.52	-57.74
6/4	2013.59	-15.92	391,732	-20,041	-130.74	-7.54	-50.54	9348.63	-207.89
6/5	1993.19	-20.41	382,186	-9,546	-99.32	-5.36	-1.13	9340.13	-8.50
週合計		-45.72		-23,528	-369.83	-34.55	-90.55		-360.94
6/8	1975.03	-18.16	391,778	9,592	-88.77	-6.54	24.48	9368.43	28.30
6/9	1921.20	-53.84	387,847	-3,931	-35.82	-3.16	-25.76	9191.87	-176.56
6/10	1905.11	-16.09	395,410	7,563	-35.12	4.65	-0.35	9298.50	106.63
6/11	1903.64	-1.47	393,845	-1,565	-89.16	1.53	-11.41	9302.49	3.99
6/12	1899.16	-4.48	404,718	10,873	-46.58	-2.80	3.15	9301.93	-0.56
週合計		-94.04		22,532	-295.45	-6.32	-9.89		-38.20

　　2015年6月的資券關係呈現空頭市場的「資減券減價跌」，隔月的操作策略是順勢偏空操作，結果7月的資券關係仍然呈現「資減券減價跌」，指數則大跌657.68點。順勢偏空操作的結果是：避開做多的損失657.68點，順勢放空則大賺657.68點，一來一回共計大賺1315.36點。見下表。

1 日期	2 融資 （億元）	3 資增減 （億元）	4 融券 （張）	5 券增減 （張）	6 外資 （億元）	7 投信 （億元）	8 自營 （億元）	9 收盤 指數 （點）	10 漲跌 （點）
6/12	1899.16	-4.48	404,718	10,873	-46.58	-2.80	3.15	9301.93	-0.56
週合計		-94.04		22,532	-295.45	-6.32	-9.89		-38.20
6/15	1894.28	-4.88	404,625	-93	-43.95	-1.73	-11.15	9259.48	-42.45
6/16	1891.74	-2.53	397,006	-7,619	-74.38	-1.94	-4.53	9212.78	-46.70
台結 6/17	1895.77	4.02	386,003	-11,003	-104.99	-3.32	1.97	9189.83	-22.95
6/18	1894.31	-1.46	378,739	-7,264	-48.33	0.35	-8.24	9218.37	28.54
週合計		-4.85		-25,979	-271.65	-6.64	-21.95		-83.56
6/22	1884.07	-10.24	389,864	11,125	31.44	1.59	21.43	9341.77	123.40
6/23	1882.94	-1.13	378,410	-11,454	-12.98	7.38	-11.59	9391.14	49.37
6/24	1881.86	-1.09	377,290	-1,120	2.89	0.89	-2.04	9397.31	6.17
6/25	1873.18	-8.68	367,151	-10,139	104.84	4.06	29.59	9476.34	79.03
6/26	1873.82	0.65	363,921	-3,230	22.56	2.75	-13.81	9462.57	-13.77
週合計		-20.49		-14,818	148.75	16.67	23.58		244.20
摩結 6/29	1860.87	-12.96	356,993	-6,928	-71.14	-0.20	-54.60	9236.10	-226.47
6/30	1862.19	1.33	318,921	-38,072	11.95	0.70	-4.10	9323.02	86.92
週合計		-11.63		-45,000	-59.19	0.50	-58.70		-139.55
月合計		-176.73		-86,793	-847.37	-30.34	-157.51		-378.05

3-3

籌碼面分析法：
從三大法人
買賣超研判多空

廣義而言，籌碼面分析法是統計分析外資、投信、自營商、主力和董監事大股東的籌碼買賣變化。一般市場上所謂的籌碼面分析，乃是針對主力的買賣超變化進行統計分析，且細分到券商分點的買賣動態。

本章的籌碼面分析，則是以三大法人（外資、投信和自營商）的買賣超變化進行統計分析。三大法人的買賣

超資訊最透明，在證券交易所和網路媒體都能輕易查到。三大法人的買賣超金額最大，對大盤指數或個股的漲跌會有影響，尤其是當三大法人聯袂買超或賣超時。

當三大法人聯袂買超，大盤指數或個股會形成漲勢；三大法人連續聯袂買超，大盤指數或個股會形成波段漲勢。反之，當三大法人聯袂賣超，大盤指數或個股會形成跌勢；三大法人連續聯袂賣超，大盤指數或個股會形成波段跌勢。

三大法人聯袂買超或賣超，將會對大盤或個股造成助漲和助跌效果，主要是因為三大法人的買賣操作是以基本面為出發點，基本面好買進、基本面差就賣出。基本面變好或變壞，不是兩三天的短期趨勢，而是一個波段趨勢。

當三大法人聯袂買超時，表示基本面波段趨勢或長期趨勢看好，在基本面中長線看好的支撐下，三大法人的買進會有恃無恐，股價就會被買盤推升而上漲。反之，

當三大法人聯袂賣超時，表示基本面波段趨勢或長期趨勢看壞，在基本面中長線看壞的情況下，三大法人的賣出會持續不斷，股價就會被賣盤擠壓而下跌。

❯ 籌碼面分析法的多空研判

籌碼面出現多頭市場的2種模式之一，順勢偏多操作：

❶三大法人聯袂買超，且指數（股價）上漲

❷三大法人合計買超，且指數（股價）上漲

籌碼面出現空頭市場的2種模式之一，順勢偏空操作：

❶ 三大法人聯袂賣超，且指數（股價）下跌

❷三大法人合計賣超，且指數（股價）下跌

籌碼面出現盤整市場的2種模式之一，順勢觀望操作：

❶三大法人聯袂買超，但指數（股價）下跌

❷三大法人合計賣超，但指數（股價）上漲

法人籌碼分析統計表的第6、7、8、10欄位是用於紀錄三大法人（外資、投信和自營商）的買賣超金額和指

數的漲跌，每天紀錄，每週研判1次，從三大法人的籌碼面變化和指數的漲跌，研判多空趨勢，以利隔週順勢操作；每月總結籌碼面的結果，研判多空趨勢，以利隔月順勢操作。

2015年6月第1週的籌碼面呈現「外資（-369.83億元）+投信（-34.55億元）+自營商（-90.55億元）＝聯袂賣超494.93億元」的空頭模式，隔週的操作策略是順勢偏空操作，結果隔週下跌獲利38.20點。第2週的籌碼面仍然呈現「外資（-295.45億元）+投信（-6.32億元）+自營商（-9.89億元）＝聯袂賣超311.66億元」的空頭模式，隔週的操作策略仍然是順勢偏空操作，結果隔週下跌獲利83.56點。見下頁附表。

6月的籌碼面呈現「外資（-847.37億元）＋投信（-30.34億元）＋自營商（-157.51億元）＝聯袂賣超1035.22億元」的空頭模式，隔月的操作策略是順勢偏空操作，結果7月的籌碼面仍然呈現「外資（-506.77億

2015年6月				法人籌碼分析統計表					
1 日期	2 融資（億元）	3 資增減（億元）	4 融券（張）	5 券增減（張）	6 外資（億元）	7 投信（億元）	8 自營（億元）	9 收盤指數（點）	10 漲跌（點）
6/1	2036.00	-2.90	398,843	-6,871	-91.28	-5.11	-15.95	9625.69	-75.38
6/2	2034.40	-1.60	402,070	3,227	-17.92	-10.05	-10.31	9614.26	-11.43
6/3	2029.52	-4.89	411,773	9,703	-30.57	-6.49	-12.62	9556.52	-57.74
6/4	2013.59	-15.92	391,732	-20,041	-130.74	-7.54	-50.54	9348.63	-207.89
6/5	1993.19	-20.41	382,186	-9,546	-99.32	-5.36	-1.13	9340.13	-8.50
週合計		-45.72		-23,528	-369.83	-34.55	-90.55		-360.94
6/8	1975.03	-18.16	391,778	9,592	-88.77	-6.54	24.48	9368.43	28.30
6/9	1921.20	-53.84	387,847	-3,931	-35.82	-3.16	-25.76	9191.87	-176.56
6/10	1905.11	-16.09	395,410	7,563	-35.12	4.65	-0.35	9298.50	106.63
6/11	1903.64	-1.47	393,845	-1,565	-89.16	1.53	-11.41	9302.49	3.99
6/12	1899.16	-4.48	404,718	10,873	-46.58	-2.80	3.15	9301.93	-0.56
週合計		-94.04		22,532	-295.45	-6.32	-9.89		-38.20
6/15	1894.28	-4.88	404,625	-93	-43.95	-1.73	-11.15	9259.48	-42.45
6/16	1891.74	-2.53	397,006	-7,619	-74.38	-1.94	-4.53	9212.78	-46.70
台結 6/17	1895.77	4.02	386,003	-11,003	-104.99	-3.32	1.97	9189.83	-22.95
6/18	1894.31	-1.46	378,739	-7,264	-48.33	0.35	-8.24	9218.37	28.54
週合計		-4.85		-25,979	-271.65	-6.64	-21.95		-83.56

元）＋投信（＋34.81億元）＋自營商（－261.14億元）
＝合計賣超802.72億元」的空頭模式。7月指數大跌
657.68點，順勢偏空操作的結果是：避開了做多的損失
657.68點，順勢放空大賺657.68點，一來一回共計大賺
1315.36點。見右頁附表。

1 日期	2 融資 （億元）	3 資增減 （億元）	4 融券 （張）	5 券增減 （張）	6 外資 （億元）	7 投信 （億元）	8 自營 （億元）	9 收盤 指數 （點）	10 漲跌 （點）
6/12	1899.16	-4.48	404,718	10,873	-46.58	-2.80	3.15	9301.93	-0.56
週合計		-94.04		22,532	-295.45	-6.32	-9.89		-38.20
6/15	1894.28	-4.88	404,625	-93	-43.95	-1.73	-11.15	9259.48	-42.45
6/16	1891.74	-2.53	397,006	-7,619	-74.38	-1.94	-4.53	9212.78	-46.70
台結 6/17	1895.77	4.02	386,003	-11,003	-104.99	-3.32	1.97	9189.83	-22.95
6/18	1894.31	-1.46	378,739	-7,264	-48.33	0.35	-8.24	9218.37	28.54
週合計		-4.85		-25,979	-271.65	-6.64	-21.95		-83.56
6/22	1884.07	-10.24	389,864	11,125	31.44	1.59	21.43	9341.77	123.40
6/23	1882.94	-1.13	378,410	-11,454	-12.98	7.38	-11.59	9391.14	49.37
6/24	1881.86	-1.09	377,290	-1,120	2.89	0.89	-2.04	9397.31	6.17
6/25	1873.18	-8.68	367,151	-10,139	104.84	4.06	29.59	9476.34	79.03
6/26	1873.82	0.65	363,921	-3,230	22.56	2.75	-13.81	9462.57	-13.77
週合計		-20.49		-14,818	148.75	16.67	23.58		244.20
摩結 6/29	1860.87	-12.96	356,993	-6,928	-71.14	-0.20	-54.60	9236.10	-226.47
6/30	1862.19	1.33	318,921	-38,072	11.95	0.70	-4.10	9323.02	86.92
週合計		-11.63		-45,000	-59.19	0.50	-58.70		-139.55
月合計		-176.73		-86,793	-847.37	-30.34	-157.51		-378.05

❯ 本章學習心得

　　讀者可以從欄位6～8統計出三大法人（外資、投信和自營商）每天買賣超金額的變化，每天紀錄，每週研判1次，若呈現聯袂買超則偏多操作，反之，若呈現聯袂賣超則偏空操作。

3-4

法人盤 vs 散戶盤 多空分析法：
正確判斷多空

「**法**人盤」和「散戶盤」是我獨創的經驗法則。證券法規規定，外資、投信、自營商、政府基金和全權委託代客操作等法人，皆不可使用信用交易，也就是不能使用融資融券。所以媒體和市場投資人常採用簡單的二分法，因為法人不可使用融資，那麼融資的使用者就是散戶。其實，主力、中實戶和公司派的人頭戶等，亦可以使用融資。

本章討論的內容，將採用簡單的二分法，以散戶為主，不考慮主力、中實戶和公司派的人頭戶等。至於法人，一般投資人的認知包括外資、投信、自營商、政府基金、壽產險、上市上櫃公司和全權委託代客操作等法人，本章討論的法人也簡單化，以外資、投信和自營商三大法人論之。

何謂法人盤？我根據過去經驗法則定義為：融資減少的同時，三大法人買超，表示散戶賣而法人買。法人的操作是基本面選股波段操作，當籌碼由散戶流到法人的手中，股價將會形成波段上漲，所以我將這種情況稱為「法人盤」。

何謂散戶盤？我根據經驗法則定義為：融資增加的同時，三大法人賣超，表示散戶買而法人賣。法人的操作是基本面選股波段操作，當籌碼由法人流到散戶的手中，股價將會形成波段下跌，所以我將這種情況稱為「散戶盤」。

　　若「法人盤」或「散戶盤」趨勢不明顯時，統計分析會出現：

❶ 融資增加，且三大法人買超，表示未來行情看漲，盤勢偏多。

❷ 融資減少，且三大法人賣超，表示未來行情看跌，盤勢偏空。

　　股市有句名言：「籌碼流到法人的手裡，再大的利空也跌不下去；籌碼流到散戶的手裡，再大的利多也漲不上去。」

❯ 從法人盤和散戶盤研判多空

　　籌碼面出現法人盤以下4種模式之一，順勢偏多操作：

❶ 融資減少，三大法人聯袂買超，且指數（股價）上漲。

❷ 融資減少，三大法人合計買超，且指數（股價）上漲。

❸ 融資減少，三大法人聯袂買超，但指數（股價）下跌。

❹ 融資減少，三大法人合計買超，但指數（股價）下跌。

2015 年 7 月　法人籌碼分析統計表

1 日期	2 融資 （億元）	3 資增減 （億元）	4 融券 （張）	5 券增減 （張）	6 外資 （億元）	7 投信 （億元）	8 自營 （億元）	9 收盤指數 （點）	10 漲跌 （點）
7/1	1860.34	-1.86	308,639	-10282	14.31	9.01	8.81	9375.23	52.21
7/2	1870.83	10.49	307,823	-816	-31.39	2.37	-20.90	9379.24	4.01
7/3	1881.12	10.29	297,549	-10274	-56.78	-6.89	-40.94	9358.23	-21.01
週合計		18.92		-21372	-73.86	4.49	-53.03		35.21
7/6	1881.86	0.74	301,130	3581	-55.80	-0.26	-45.57	9255.96	-102.27
7/7	1877.43	-4.43	299,684	-1446	-2.57	-3.28	-22.29	9250.16	-5.80
7/8	1847.83	-29.60	290,227	-9457	-153.42	-10.40	-53.44	8976.11	-274.05
7/9	1829.23	-18.60	275,301	-14926	-132.37	-8.33	-8.76	8914.13	-61.98
週合計		-51.89		-22248	-344.16	-22.27	-130.06		-444.10

籌碼面出現散戶盤以下4種模式之一，順勢偏空操作：

❶ 融資增加，三大法人聯袂賣超，且指數（股價）下跌。

❷ 融資增加，三大法人合計賣超，且指數（股價）下跌。

❸ 融資增加，三大法人聯袂賣超，但指數（股價）上漲。

❹ 融資增加，三大法人合計賣超，但指數（股價）上漲。

法人籌碼分析統計表的第3、6、7、8、10欄位用於紀錄融資和三大法人（外資、投信和自營商）的買賣超金額及指數（股價）的漲跌，每天紀錄，每週研判1次，從每週的融資增減和三大法人買賣超的結果及指數（股價）的

漲點，來判定當週籌碼面是呈現法人盤或散戶盤。

　從法人盤或散戶盤來確認多空趨勢，以利隔週順勢操作；每月總結法人盤或散戶盤的結果，研判多空趨勢，以利隔月順勢操作。

　7月第1週的籌碼面呈現「散戶盤」：融資增加18.92億元，同時三大法人賣超，呈現「外資（－73.86億元）＋投信（＋4.49億元）＋自營商（－53.03億元）＝合計賣超555.31億元」的空頭模式，隔週的操作策略是順勢偏空操作。第2週指數大跌444.10點，順勢偏空

1 日期	2 融資 （億元）	3 資增減 （億元）	4 融券 （張）	5 券增減 （張）	6 外資 （億元）	7 投信 （億元）	8 自營 （億元）	9 收盤 指數 （點）	10 漲跌 （點）
7/17	1811.55	-3.43	336,485	-4916	33.98	3.62	-7.50	9045.98	3.77
週合計		-17.68		61184	31.58	18.96	-14.36		131.85
7/20	1796.81	-14.74	339,687	3202	32.79	3.70	-14.74	8975.00	-70.98
7/21	1784.82	-11.99	342,334	2647	51.65	0.04	2.85	9005.96	30.96
7/22	1782.27	-2.55	342,426	92	-32.87	4.85	-13.23	8918.70	-87.26
7/23	1758.44	-23.83	340,725	-1701	-59.34	-0.16	15.58	8791.12	-127.58
7/24	1746.10	-12.33	355,656	14931	-28.59	0.21	4.20	8767.86	-23.26
週合計		-65.44		19171	-36.36	8.64	-5.34		-278.12
7/27	1686.07	-60.03	336,618	-19038	-34.03	-0.58	-38.26	8556.68	-211.18
7/28	1654.62	-31.45	336,574	-44	-45.82	5.37	21.40	8582.49	25.81
7/29	1645.46	-9.16	353,969	17395	-23.62	5.36	-15.27	8563.48	-19.01
摩結 7/30	1636.06	-9.40	361,494	7525	8.58	10.36	7.12	8651.49	88.01
7/31	1629.60	-6.46	387,331	25837	10.92	4.48	-33.34	8665.34	13.85
週合計		-116.50		31675	-83.97	24.99	-58.35		-102.52
月合計		-232.59		68410	-506.77	34.81	-261.14		-657.68

操作的結果是，避開了做多的損失444.10點，順勢放空大賺444.10點，一來一回共計大賺888.20點。

7月的籌碼面「法人盤」和「散戶盤」不明顯，統計分析出現「融資減少，且三大法人賣超，表示行情看跌，盤勢偏空」：融資減少232.59億元，同時三大法人賣超，呈現「外資（−506.77億元）＋投信（＋34.81億元）＋自營商（−261.14億元）＝合計賣超733.10億元」的空頭模式，隔月的操作策略是順勢偏空操作。8月指數大跌490.47點，順勢偏空操作的結果是：避開了做多的損失490.47點，順勢放空大賺490.47點，一來一回共計大賺了980.94點。

❯ 本章學習心得

讀者可以從欄位3和6～8，統計出每天融資餘額的增減金額和三大法人（外資、投信和自營商）的買賣超金額變化，每天紀錄，每週研判1次，若呈現「法人盤」模式，偏多操作，反之，若呈現「散戶盤」模式，則偏空操作。

3-5

量價關係分析法：
搞懂量價 掌握多空

所有的投資人想必都聽過「量價關係」，一定會直覺地認為：量價關係就是價漲量增、價跌量縮、價漲量縮和價跌量增這4種。沒錯！但很多投資人根本分不清楚其中的差異，只知文意，不知內涵。

對於量價關係，以下4個問題你會如何作答？

❶ 昨天大盤指數收盤9020點，上漲20點，成交量920
億元；今天大盤指數收盤9040點，上漲20點，成交

量950億元。今天的量價關係是「價漲量增」嗎？

❷ 昨天大盤指數收盤9020點，上漲20點，成交量920億元；今天大盤指數收盤9000點，下跌20點，成交量900億元，今天的量價關係是「價跌量縮」嗎？

❸ 昨天大盤指數收盤9020點，上漲20點，成交量920億元；今天大盤指數收盤9040點，上漲20點，成交量900億元，今天的量價關係是「價漲量縮」嗎？

❹ 昨天大盤指數收盤9020點，上漲20點，成交量920億元；今天大盤指數收盤9000點，下跌20點，成交量950億元，今天的量價關係是「價跌量增」嗎？

從文意來看，好像答案都是對，但在實務經驗上卻可能是錯的。量價關係中的價漲或價跌不會讓人判斷錯誤，因為漲跌就是用點數計算，漲0.1點是漲、跌0.01點是跌。

容易發生錯誤的是「成交量」，量增或量減不是用今天的成交量和昨天的成交量相比，而是以今天的成交量

和最近5天的成交量（5日均量）相比。成交量大於5日
均量，才稱為量增；反之，成交量小於5日均量，就稱
為量縮。

❯ 搞懂4種量價關係的意義

量價關係是技術分析中，研判盤勢多空趨勢非常重要
的工具，讀者們一定要搞清楚、弄明白，因為量先價
行，有量才有價，無量就無價。金管會主委曾銘宗是股
市行家，深知量價關係的個中三昧，因此才會在2014年
射出政策利多4支箭「做量」，以活絡股市。

量價關係若出現多頭市場的2種模式之一，可以順勢偏
多操作：

❶ 價漲量增。

❷ 價跌量縮。

量價關係若出現空頭市場的2種模式之一，可以順勢
偏空操作：

❶ 價漲量縮。

❷ 價跌量增。

　　法人籌碼分析統計表中的第9、10、11欄位用於紀錄指數漲跌和成交量增減，每天紀錄，每週研判1次，從每週的指數漲跌和成交量增減的結果，來判定當週量價關係是呈現多頭或空頭模式。

　　從多頭或空頭模式來確認多空趨勢，以利隔週順勢操作；每月總結多頭或空頭模式的結果，研判多空趨勢，以利隔月順勢操作。

2015年7月						法人籌碼分析統計表						
1	2	3	4	5	6	7	8	9	10	11		
日期	融資	資增減	融券	券增減	外資	投信	自營	收盤指數	漲跌	成交量		
	(億元)	(億元)	(張)	(張)	(億元)	(億元)	(億元)	(點)	(點)	(億元)		
7/1	1860.34	-1.86	308,639	-10282	14.31	9.01	8.81	9375.23	52.21	866.25	<	923
7/2	1870.83	10.49	307,823	-816	-31.39	2.37	-20.90	9379.24	4.01	861.01	<	888
7/3	1881.12	10.29	297,549	-10274	-56.78	-6.89	-40.94	9358.23	-21.01	843.84	<	888
週合計		18.92		-21372	-73.86	4.49	-53.03		35.21			
7/6	1881.86	0.74	301,130	3581	-55.80	-0.26	-45.57	9255.96	-102.27	835.57	<	867
7/7	1877.43	-4.43	299,684	-1446	-2.57	-3.28	-22.29	9250.16	-5.80	924.90	>	866
7/8	1847.83	-29.60	290,227	-9457	-153.42	-10.40	-53.44	8976.11	-274.05	1433.86	>	980
7/9	1829.23	-18.60	275,301	-14926	-132.37	-8.33	-8.76	8914.13	-61.98	1303.06	>	1068
週合計		-51.89		-22248	-344.16	-22.27	-130.06		-444.10			
7/13	1819.69	-9.54	290,514	15213	-32.15	0.12	32.70	9033.92	119.79	1040.63	<	1108
7/14	1814.51	-5.18	310,237	19723	-1.44	6.15	-25.23	9041.76	7.84	1007.31	<	1142
台結 7/15	1816.90	2.39	327,470	17233	18.74	5.51	-18.38	9054.20	12.44	833.69	<	1124
7/16	1814.98	-1.92	341,401	13931	12.45	3.56	4.05	9042.21	-11.99	779.19	<	993
7/17	1811.55	-3.43	336,485	-4916	33.98	3.62	-7.50	9045.98	3.77	766.06	<	885
週合計		-17.68		61184	31.58	18.96	-14.36		131.85			

7月第1週的量價關係呈現「價漲量縮」的空頭模式：融資增加18.92億元，同時三大法人賣超，外資（–73.86億元）＋投信（＋4.49億元）＋自營商（–53.03億元）＝合計賣超555.31億元，隔週的操作策略是順勢偏空操作。第2週指數大跌444.10點，順勢偏空操作的結果是：避開了做多的損失444.10點，順勢放空大賺444.10點，一來一回共計大賺888.20點。

❯ 本章學習心得

讀者可以從欄位9～11統計出每天量價關係的漲跌變化，每天紀錄，每週研判1次，若呈現「多頭市場」模式則偏多操作，反之，若呈現「空頭市場」模式則偏空操作。

Note

3-6

融資 vs 大盤 多空分析法： 盤勢多空 一目了然

融資vs大盤多空分析法是指，在一段上漲或下跌的區間，比較融資的增減幅度和大盤指數的漲跌幅度，從而研判盤勢的多空走勢。

法規規定，外資、投信、自營商、政府基金和全權委託代客操作等法人，不可使用融資融券操作。因此，一般都用簡單的二分法，認定使用融資融券的就是散戶，其實這個說法不精準，因為主力、中實戶和公司派的人

頭戶也可以使用融資。

　　總之，市場一般認定，融資是散戶在使用，因此產生8種資券關係（詳見3-2資券關係分析法）和融資vs大盤多空分析法。

❯ 多頭市場的上漲趨勢

❶ 融資增幅＜大盤（股價）漲幅＝籌碼安定 ➡ 續漲

　　股市呈現多頭市場的上漲趨勢時，籌碼面會先形成外資、投信和自營商三大法人買超，而融資不增反減的情況，表示法人買、散戶賣，籌碼流到法人的手上，成為「法人盤」，表示股價會持續上漲。

　　如何判斷股價還會上漲？只要融資的增幅沒有超過大盤的漲幅，表示散戶還沒有全部進場買進，籌碼面仍屬安定的法人盤，股價還會繼續上漲。

大盤日線圖：籌碼安定 呈現續漲走勢

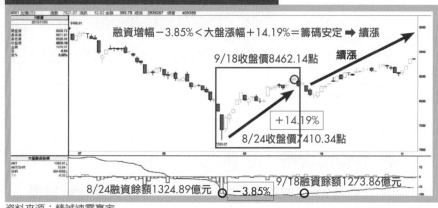

融資增幅－3.85%＜大盤漲幅＋14.19%＝籌碼安定 ➡ 續漲

續漲

9/18收盤價8462.14點

＋14.19%

8/24收盤價7410.34點

8/24融資餘額1324.89億元　－3.85%　9/18融資餘額1273.86億元

資料來源：精誠速霸贏家

　　2015年8月24日到9月18日的上漲區間，大盤加權指數上漲14.19%，同時期的融資餘額不增反減－3.85%，表示散戶還沒有全部進場買進，籌碼面仍屬安定的法人盤，股價還會繼續上漲。符合上漲趨勢的公式：

融資增幅－3.85%＜大盤漲幅＋14.19%＝籌碼安定 ➡ 續漲

❷ 融資增幅＞大盤（股價）漲幅＝籌碼凌亂 ➡ 醞釀拉回

　　如何判斷上漲到何時會結束？只要融資的增幅沒有超過大盤的漲幅，表示散戶還沒有全部進場買進，籌碼面

仍屬安定的法人盤，股價還會續漲。一旦融資的增幅超過大盤的漲幅，表示散戶幾乎全部激情地進場買進，籌碼面由安定的法人盤轉為不安定的「散戶盤」，若籌碼面後來形成外資、投信和自營商三大法人賣超，而融資不減反增的情況，表示法人賣、散戶買，籌碼流到散戶的手上，成為「散戶盤」，表示股價將醞釀拉回修正，盤勢有可能由漲轉跌。

大盤日線圖：籌碼凌亂 醞釀拉回

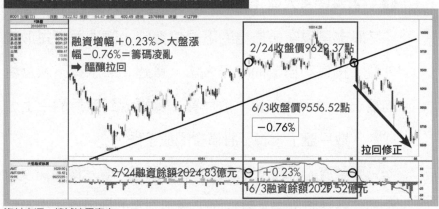

融資增幅＋0.23%＞大盤漲幅－0.76%＝籌碼凌亂
➡ 醞釀拉回

2/24收盤價9620.37點

6/3收盤價9556.52點
－0.76%

拉回修正

2/24融資餘額2024.83億元 ＋0.23%
16/3融資餘額2029.52億元

資料來源：精誠速霸贏家

　　2015年2月24日到6月3日的上漲盤整區間，大盤加權指數下跌－0.76％，同時期融資餘額不減反增＋0.23％，表示股價將醞釀拉回修正，盤勢可能由漲轉跌。符合醞釀拉回的公式：

融資增幅＋0.23％＞大盤漲幅－0.76％＝籌碼凌亂

➡ 醞釀拉回

❯ 空頭市場的下跌趨勢

❶ 融資減幅＜大盤（股價）跌幅＝籌碼凌亂 ➡ 續跌

　　當股市呈現空頭市場的下跌趨勢時，籌碼面會先形成外資、投信和自營商等三大法人賣超，而融資不減反增的情況，表示法人賣、散戶買，籌碼流到散戶的手上，成為「散戶盤」，表示股價會醞釀下跌。

　　只要融資的減幅沒有超過大盤的跌幅，表示散戶還沒有全部停損認賠出場，籌碼面仍屬不安定的散戶盤，有可能

大盤日線圖：籌碼凌亂 呈現續跌走勢

融資減幅＋4.55%＜大盤跌幅－5.79%
＝籌碼凌亂 ➡ 續跌

11/5收盤價8850.18點
12/31收盤價8338.06點

－5.79%

＋4.55%

11/5融資餘額1393.81億元
12/31融資餘額1457.20億元

資料來源：精誠速霸贏家

再形成一波融資多殺多的賣壓，股價還會繼續下跌。

2015年11月5日到12月31日的下跌區間，大盤加權指數下跌5.79%，而同時期融資餘額不減反增＋4.55%，表示散戶還沒有全部停損認賠出場，籌碼面仍屬不安定的散戶盤，有可能再形成一波融資多殺多的賣壓，股價還會繼續下跌。符合續跌的公式：

融資減幅＋4.55%＜大盤跌幅－5.79%＝籌碼凌亂 ➡ 續跌

❷ 融資減幅＞大盤（股價）跌幅＝籌碼安定 ➡ 醞釀反彈

如何判斷股價下跌到何時才會結束？只要融資的減幅沒有超過大盤的跌幅，表示散戶還沒有全部停損認賠出場，籌碼面仍屬不安定的散戶盤，股價還會續跌。一旦融資的減幅超過大盤的跌幅，表示散戶幾乎全部停損認賠出場，籌碼面由不安定的散戶盤轉為安定的「法人盤」，若籌碼面後來形成外資、投信和自營商三大法人

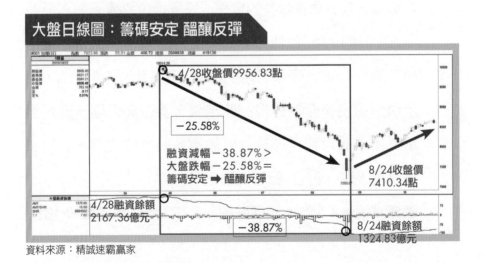

大盤日線圖：籌碼安定 醞釀反彈

4/28收盤價9956.83點

－25.58%

融資減幅－38.87%＞
大盤跌幅－25.58%＝
籌碼安定 ➡ 醞釀反彈

8/24收盤價
7410.34點

4/28融資餘額
2167.36億元

－38.87%

8/24融資餘額
1324.83億元

資料來源：精誠速霸贏家

買超，而融資不增反減的情況，表示法人買、散戶賣，籌碼流到法人的手上，成為「法人盤」，表示股價將醞釀反彈上漲，盤勢有可能由跌轉漲。

2015年4月28日到8月24日的下跌區間，大盤加權指數下跌－25.85%，同時期融資餘額減幅為－38.87%，表示散戶幾乎全部停損認賠出場，籌碼面由不安定的散戶盤轉為安定的「法人盤」，股價醞釀反彈上漲，盤勢可能由跌轉漲。符合醞釀反彈的公式：

融資減幅－38.87%＞大盤跌幅－25.58%＝籌碼安定

➡ 醞釀反彈

法人籌碼分析統計表中的第2～3、9～10欄位，是用於紀錄融資餘額增減和收盤指數漲跌，每天紀錄，每週研判1次，從每週的融資餘額增減和大盤指數漲跌的結果，來判定當週融資和大盤的關係是呈現多頭或空頭模式，以利隔週順勢操作；每月總結多頭或空頭模式的結果，研判多空趨勢，以利隔月順勢操作。

2015 年 8 月					法人籌碼分析統計表						
1 日期	2 融資 （億元）	3 資增減 （億元）	4 融券 （張）	5 券增減 （張）	6 外資 （億元）	7 投信 （億元）	8 自營 （億元）	9 收盤 指數 （點）	10 漲跌 （點）	11 成交量 （億元）	
8/17	1526.59	-2.35	489,802	-3,434	-20.70	2.21	-22.86	8213.42	-92.22	702.76	<	861
8/18	1520.01	-6.57	495,625	5,823	-1.28	-1.80	-11.85	8177.22	-36.20	756.22	<	811
台結 8/19	1502.75	-17.26	485,965	-9,660	-60.62	-4.46	-22.47	8021.84	-155.38	1018.69	>	821
8/20	1495.18	-7.57	479,354	-6,611	-56.88	1.11	-0.58	8029.81	7.97	885.88	>	821
8/21	1455.40	-39.78	482,932	3,578	-72.89	-6.54	-19.35	7786.92	-242.89	1036.63	>	880
週合計		-73.53		-10,304	-212.37	-9.48	-77.11		-518.72			
8/24	1324.89	-130.51	430,603	-52,329	-65.96	-5.71	-17.59	7410.34	-376.58	1460.88	>	1032
8/25	1277.74	-47.15	440,916	10,313	41.53	5.72	3.95	7675.64	265.30	1208.48	>	1122
8/26	1277.90	0.15	436,919	-3,997	-91.58	2.88	-23.68	7715.59	39.95	1100.93	<	1139
8/27	1271.45	-6.42	476,300	39,381	-64.76	5.56	-17.72	7824.55	108.96	1092.23	<	1180
摩結 8/28	1264.59	-9.85	511,556	35,256	42.10	-0.44	4.49	8019.18	194.63	1053.51	<	1185
週合計		-193.78	-13.31%	28,624	-138.67	8.01	-50.55		232.26	+2.98%		
8/31	1262.87	1.28	531,331	19,775	-3.61	-4.29	-10.73	8174.92	155.74	1016.46	<	1096
月合計		-366.70	-32.73%	144,000	-570.68	17.92	-143.40		-490.47	-4.81%		

　　2015年8月24日到8月28日這週的融資減少193.78億元，減幅－13.31%；大盤指數上漲＋232.26點，漲幅＋2.98%，呈現多頭市場的上漲走勢：

融資增幅＜大盤（股價）漲幅＝籌碼安定 ➡ 續漲

　　確認為多頭趨勢，隔週順勢偏多操作的結果是：9月第1週小跌－0.23%、第2週大漲＋3.81%、第3週上漲＋

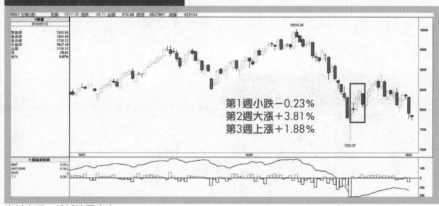

大盤週線圖：上漲走勢

第1週小跌－0.23%
第2週大漲＋3.81%
第3週上漲＋1.88%

資料來源：精誠速霸贏家

1.88%。

　　從每月的融資餘額增減和指數漲跌的結果，來判定當月的融資和大盤的關係是呈現多頭或空頭模式。8月份的融資減少－533.34億元，減幅－32.73%；大盤指數下跌－417.18點，跌幅－4.81%，呈現空頭市場的反彈走勢：

融資減幅＞大盤（股價）跌幅＝籌碼安定 ➡ 醞釀反彈

8月確認為多頭趨勢，隔月順勢偏多操作的結果是：9月小漲＋0.08%%、10月大漲＋4.56%。

大盤月線圖：醞釀反彈

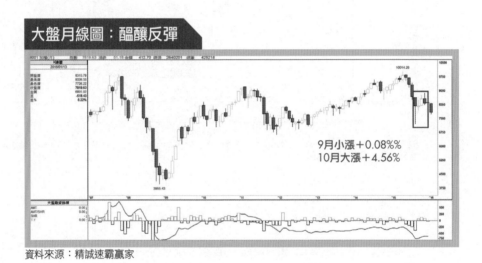

9月小漲＋0.08%%
10月大漲＋4.56%

資料來源：精誠速霸贏家

Note

3-7

平均成本分析法：
準確抓出買賣點

平均成本分析法是，計算某段上漲區間或橫向盤整區間的平均成本，這是買進者的平均成本，亦可稱為「換手支撐區」。

計算某段下跌區間或橫向盤整區間的平均成本，這是買進者的平均成本，亦可稱為「套牢壓力區」。

❯ 多頭市場的拉回修正

在多頭市場的上漲過程中，漲多一定會拉回修正，拉回修正分為2種：

❶ 波浪理論的簡單修正波，股價一路下跌。

❷ 股價以盤代跌，形成橫向盤整。

股價拉回修正結束後，便會展開另一波漲勢。漲勢開始之前，會有蛛絲馬跡可供參考。

當股價由下往上時，收盤價大於拉回修正時的區間平均成本，表示拉回修正時的買進者都解套獲利中，平均成本變成「換手支撐區」，股價將展開下一波漲勢。

反之，當股價拉回修正結束後，股價上漲未能大於拉回修正時的區間平均成本，表示拉回修正時的買進者都還在套牢中，平均成本為「套牢壓力區」，股價漲到平均成本套牢壓力區時，會引發雙重賣壓：

❶ 原先套牢者的解套賣壓

❷ 搶反彈買進者的獲利了結賣壓

❯ 空頭市場的反彈上漲

在空頭市場的下跌過程中，跌深一定會反彈上漲，反彈上漲分為2種：

❶ 波浪理論的簡單反彈波，股價一路上漲。

❷ 股價以盤代跌，形成橫向盤整。

股價跌深反彈結束後，便會展開另一波的跌勢。跌勢開始之前，會有蛛絲馬跡可供參考。

當股價由上往下時，收盤價小於跌深反彈時的區間平均成本，表示搶跌深反彈的買進者都陷入套牢中，平均成本變成「套牢壓力區」，股價將展開一波跌勢，恐會引發賣壓：

❶ 原先套牢者的認賠賣壓

❷ 搶反彈買進者的停損賣壓

❸ 放空追殺者的賣壓

反之，當股價跌深反彈結束後，股價下跌沒有小於跌深反彈時的區間平均成本，表示搶跌深反彈的買進者都

還在獲利中，平均成本為「換手支撐區」，股價還會繼續反彈上漲。

❯ 多頭市場的3種型態

在多頭市場，平均成本分析法有3種型態：

❶ 多頭市場拉回修正找買點，當股價拉回修正結束後，股價由下往上時，收盤價大於拉回修正期間的平均成本為「買進時點」。

晶電日線圖：買進時點

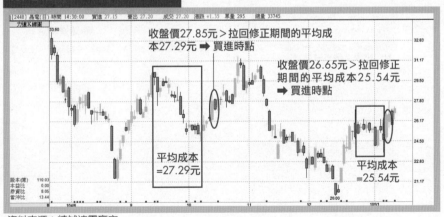

資料來源：精誠速霸贏家

❷ 多頭市場漲多拉回找買點，當股價拉回修正接近前波
盤整的平均成本換手支撐區，前波的平均成本附近為
「買進時點」。

吉祥全週線圖：買進時點

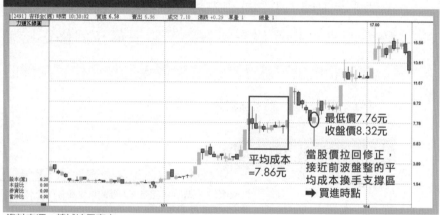

資料來源：精誠速霸贏家

❸ 收盤價＞平均成本＝獲利中，平均成本形成支撐作

用。未跌破之前，趨勢偏多，持股續抱。

英業達日線圖：趨勢偏多

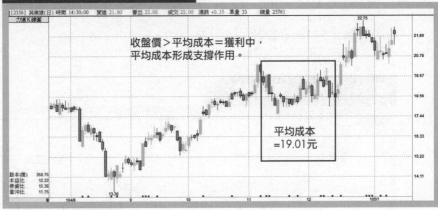

資料來源：精誠速霸贏家

▶ 空頭市場的3種型態

在空頭市場，平均成本分析法有3種型態：

❶ 空頭市場跌深反彈找賣點，當股價跌深反彈結束後，
股價由上往下時，收盤價小於跌深反彈期間的平均成
本為「放空（賣出）時點」。

漢微科日線圖：賣出時點

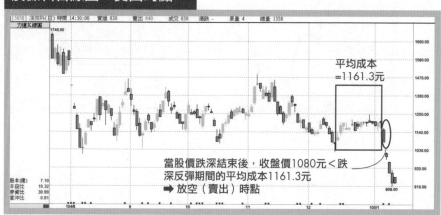

平均成本
＝1161.3元

當股價跌深結束後，收盤價1080元＜跌
深反彈期間的平均成本1161.3元
➡ 放空（賣出）時點

資料來源：精誠速霸贏家

❷ 空頭市場跌深反彈找賣點，當股價跌深反彈，接近前
波盤整的平均成本套牢壓力區，前波的平均成本附近
為「放空（賣出）時點」。

聯強週線圖：賣出時點

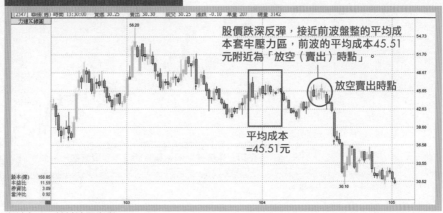

股價跌深反彈，接近前波盤整的平均成
本套牢壓力區，前波的平均成本45.51
元附近為「放空（賣出）時點」。

放空賣出時點

平均成本
=45.51元

資料來源：精誠速霸贏家

❸ 收盤價＜平均成本＝套牢中，平均成本形成壓力作
用，未突破之前，趨勢偏空，空單續抱。

王品週線圖：趨勢偏空、空單續抱

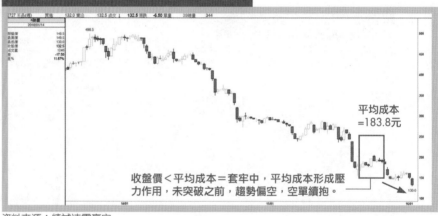

平均成本
＝183.8元

收盤價＜平均成本＝套牢中，平均成本形成壓
力作用，未突破之前，趨勢偏空，空單續抱。

資料來源：精誠速霸贏家

　　法人籌碼分析統計表中的第9欄位，是用於紀錄收盤指
數，每天紀錄，每週研判1次，從每週五的收盤指數和一
週的收盤指數平均的結果，來判定當週的指數是呈現多
頭的換手支撐區，或者是空頭的套牢壓力區。

　　從多頭的換手支撐區或空頭的套牢壓力區，可以確認

多空趨勢，供我們決策參考，以利隔週順勢操作；每月總結多頭的換手支撐區或空頭的套牢壓力區的結果，研判多空趨勢，以利隔月順勢操作。

2015年7月31日收盤指數8665.34點＜7月的平均成本8963.88點，7月買進者套牢298.54點，結果8月份下跌490.42點；若依據平均成本法操作，收盤價小於平均成本即認賠賣出，就能避開490.42點的跌幅。有經驗的

2015 年 7 月				法人籌碼分析統計表					
1 日期	2 融資 （億元）	3 資增減 （億元）	4 融券 （張）	5 券增減 （張）	6 外資 （億元）	7 投信 （億元）	8 自營 （億元）	9 收盤指數 （點）	10 漲跌 （點）
7/20	1796.81	-14.74	339,687	3202	32.79	3.70	-14.74	8975.00	-70.98
7/21	1784.82	-11.99	342,334	2647	51.65	0.04	2.85	9005.96	30.96
7/22	1782.27	-2.55	342,426	92	-32.87	4.85	-13.23	8918.70	-87.26
7/23	1758.44	-23.83	340,725	-1701	-59.34	-0.16	15.58	8791.12	-127.58
7/24	1746.10	-12.33	355,656	14931	-28.59	0.21	4.20	8767.86	-23.26
週合計		-65.44		19171	-36.36	8.64	-5.34		-278.12
7/27	1686.07	-60.03	336,618	-19038	-34.03	-0.58	-38.26	8556.68	-211.18
7/28	1654.62	-31.45	336,574	-44	-45.82	5.37	21.40	8582.49	25.81
7/29	1645.46	-9.16	353,969	17395	-23.62	5.36	-15.27	8563.48	-19.01
摩結 7/30	1636.06	-9.40	361,494	7525	8.58	10.36	7.12	8651.49	88.01
7/31	1629.60	-6.46	387,331	25837	10.92	4.48	-33.34	8665.34	13.85
週合計		-116.50		31675	-83.97	24.99	-58.35		-102.52
月合計		-232.59		68410	-506.77	34.81	-261.14	平均 8963.88	-657.68

積極型投資人，於賣出的同時，反手放空賣出，便能大賺一波空頭財。

2015年8月				法人籌碼分析統計表					
1 日期	2 融資 （億元）	3 資增減 （億元）	4 融券 （張）	5 券增減 （張）	6 外資 （億元）	7 投信 （億元）	8 自營 （億元）	9 收盤 指數 （點）	10 漲跌 （點）
8/17	1526.59	-2.35	489,802	-3,434	-20.70	2.21	-22.86	8213.42	-92.22
8/18	1520.01	-6.57	495,625	5,823	-1.28	-1.80	-11.85	8177.22	-36.20
台結 8/19	1502.75	-17.26	485,965	-9,660	-60.62	-4.46	-22.47	8021.84	-155.38
8/20	1495.18	-7.57	479,354	-6,611	-56.88	1.11	-0.58	8029.81	7.97
8/21	1455.40	-39.78	482,932	3,578	-72.89	-6.54	-19.35	7786.92	-242.89
週合計		-73.53		-10,304	-212.37	-9.48	-77.11		-518.72
8/24	1324.89	-130.51	430,603	-52,329	-65.96	-5.71	-17.59	7410.34	-376.58
8/25	1277.74	-47.15	440,916	10,313	41.53	5.72	3.95	7675.64	265.30
8/26	1277.90	0.15	436,919	-3,997	-91.58	2.88	-23.68	7715.59	39.95
8/27	1271.45	-6.42	476,300	39,381	-64.76	5.56	-17.72	7824.55	108.96
摩結 8/28	1264.59	-9.85	511,556	35,256	42.10	-0.44	4.49	8019.18	194.63
週合計		-193.78		28,624	-138.67	8.01	-50.55		232.26
8/31	1262.87	1.28	531,331	19,775	-3.61	-4.29	-10.73	8174.92	155.74
月合計		-366.70		144,000	-570.68	17.92	-143.40		-490.42

　　平均成本法除了可在每週或每月的固定期間研判多空趨勢，也能在多頭市場的上漲過程或空頭市場的下跌過程，採樣一段期間的平均成本，用來研判多空趨勢：

❶ **收盤價＞平均成本＝買進**，表示獲利中，平均成本形

成支撐作用，未跌波之前，趨勢偏多，持股續抱。

❷ **收盤價＜平均成本＝賣出**，表示套牢中，平均成本形

成壓力作用，未突破之前，趨勢偏空，空單續抱。

以2015年全年（1/5～12/31）為例，平均成本多空

趨勢分析如下：

2015年加權市場 外資買超＋421.86億元，平均成本約

8959.34點。

12月31日收盤價8338.06點＜平均成本8959.34點

＝－621.28點（－6.93%），表示外資套牢中，平均成本

形成壓力作用，未突破之前，趨勢偏空。

結果：在2016年第1週，加權指數重挫－444.09點

（－5.33%）。

2015年櫃檯市場 外資買超＋532.76億元，平均成本約

131.06點。

12月31日收盤價129.05點＜平均成本131.06點

＝－2.01點（－1.53%），表示外資套牢中，平均成本形

成壓力作用，未突破之前，趨勢偏空。

　結果：在2016年第1週，櫃檯指數重挫−5.54點（−4.29%）。

❯ 外資買賣超和平均成本經驗法則

　從外資買賣超和平均成本間的關係，可以獲得以下的操作經驗法則：

❶ 外資買超，平均成本為支撐區，盤勢看多。

❷ 外資賣超，平均成本為壓力區，盤勢看空。

❸ 外資買超，且收盤價大於買進的平均成本，表示平均成本為支撐區，盤勢看多；反之，外資賣超，且收盤價小於買進的平均成本，表示平均成本為壓力區，盤勢看空。

❹ 外資買超，但收盤價小於買進的平均成本，表示平均成本為套牢壓力區，盤勢不看多。

3-8

期權關係分析法：
掌握外資多空動向空

期權關係分析法是，統計外資每天、每週或每月在期貨和選擇權多空布局的口數增減變化，以及未平倉的多空部位的口數，以研判外資在期貨和選擇權是偏多或偏空操作。另外，再統計外資在現貨市場的買賣超金額，進行綜合研判，以了解外資整體的多空動向，以利我們做出正確的投資判斷。

實務上，外資在期貨市場的影響力最大，自營商則在

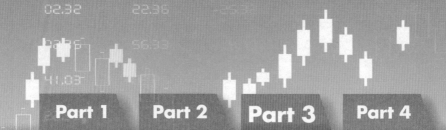
選擇權市場的影響力最大。操作期貨者，要勤快地統計外資每天、每週或每月在期貨市場的多空布局的口數增減變化，以及未平倉的多空口數，以利研判外資是偏多或偏空操作。跟著外資操作期貨，勝算大於失算。

操作選擇權者，則要勤快地統計自營商每天、每週或每月在選擇權市場的多空布局的口數增減變化，以及未平倉的多空口數，以利研判自營商是偏多或偏空操作。跟著自營商操作選擇權，勝算大於失算。

如果讀者們都能勤快地統計外資和自營商在期貨和現貨市場的操作動態，就能正確判斷多空趨勢。以下提供我多年統計所得的獨門經驗法則。

❯ 期權關係8大經驗法則

❶ 期貨是現貨的領先指標，期貨減現貨如為正數，稱為正價差，表示盤勢偏多

期貨市場有價格發現的功能，例如從歐洲的美元期貨

價格，可以知道遠期利率。運用在股市的研判上，當看到期貨價格上漲且形成正價差，則表示現階段的股市呈現上漲的多頭趨勢，可以順勢偏多操作。

❷ 期貨連續3天為正價差，且正價差大於正25～30點以上，表示趨勢偏多

當期貨價格上漲且形成正價差，表示現階段的股市呈現上漲的趨勢，若期貨又連續3天為正價差，且正價差的幅度大於正25～30點以上，則更確立趨勢偏多，甚至可能形成波段漲勢。

❸ 期貨呈現正價差，且大於正50點以上，表示異常，醞釀收斂修正

當期貨價格上漲且形成正價差，表示現階段的股市呈現上漲的趨勢，若期貨又連續3天為正價差，且正價差的幅度大於正25～30點，則更確立趨勢偏多，甚至可能形成波段漲勢。一旦正價差的幅度大於正50點以上，就表示異常，將醞釀收斂修正。收斂修正的方式可能有3

種：(1)期貨跌而現貨漲；(2)期貨不跌或小跌而現貨大漲；(3)期貨大跌而現貨不漲或小漲。

❹ 期貨是現貨的領先指標，期貨減現貨如為負數，稱為逆價差，表示盤勢偏空

期貨市場有價格發現的功能，運用在股市的研判上，當看到期貨價格下跌且形成逆價差，就表示現階段的股市呈現下跌的空頭趨勢，可以順勢偏空操作。

❺ 期貨連續3天為逆價差，且逆價差大於負25～30點以上，表示趨勢偏空

當期貨價格下跌且形成逆價差，表示現階段的股市呈現下跌的趨勢，若期貨又連續3天為逆價差，且逆價差的幅度大於負25～30點以上，則更確立趨勢偏空，甚至可能形成波段跌勢

❻ 期貨呈現逆價差，且大於負50點以上，表示異常，醞釀收斂修正

當期貨價格下跌且形成逆價差，表示現階段的股市呈

現下跌的趨勢，若期貨又連續3天為逆價差，且逆價差的幅度大於負25～30點，則更確立趨勢偏空，甚至可能形成波段跌勢。一旦逆價差的幅度大於負50點以上，就表示異常，醞釀收斂修正。收斂修正的方式可能有3種：（1）期貨漲而現貨跌；（2）期貨不漲或小漲而現貨大跌；（3）期貨大漲而現貨不跌或小跌。

❼ 賣權（Put）/買權（Call）＞1，表示散戶看空，盤勢將醞釀上漲

選擇權的Put/Call Ratio簡稱為P/C Ratio，指的是賣權和買權的未平倉口數比值。P/C Ratio＞1表示賣權未平倉量大於買權未平倉量，也就是看不跌的人比看不漲的人多，賣權未平倉量中有很多Buy Put，一般多為散戶；另外，還有許多Sell Put，當Sell Put的法人（自營商）或主力看不跌而散戶看跌時，盤勢將醞釀上漲。

❽ 賣權（Put）/買權（Call）＜1，，表示散戶看多，盤勢將醞釀下跌

P/C Ratio＜1表示賣權未平倉量小於買權未平倉量，也就是看不漲的人比看不跌的人少，賣權未平倉量中有很多Buy Put，一般多為散戶；另外，還有許多Sell Put，當Sell Put的法人（自營商）或主力看不漲而散戶看漲時，盤勢將醞釀下跌。

❯ 外資期權與現貨關係4大經驗法則

❶ 外資期貨和選擇權偏多操作，期貨多單未平倉口數＞＋1.5萬口以上，且現貨持續買超且正價差＞＋30點以上

　➡ **盤勢明顯偏多**

期貨和選擇權是現貨股價的領先指標，當外資在期貨和選擇權的未平倉口數為正，表示外資偏多操作。若未平倉口數小於1萬口，表示偏多趨勢不明顯；未平倉口數如增多為1萬～2萬口，表示偏多趨勢明顯；未平倉口數增多至2萬～2.5萬口以上，表示積極做多。當外資期貨

做多，正價差大於正30點以上，且在現貨市場連續3天以上買超，等於盤勢明顯偏多，宜順勢偏多操作。

❷ 外資期貨和選擇權偏空操作，期貨空單未平倉口數 ＞－1.5萬口以上，且現貨持續賣超且逆價差＞－30 點以上

　➡ 盤勢明顯偏空

當外資在期貨和選擇權的未平倉口數為負，表示外資偏空操作。若未平倉口數小於1萬口，表示偏空趨勢不明顯；未平倉口數如增多為負1萬～2萬口，表示偏空趨勢明顯；未平倉口數增多至負2萬～2.5萬口以上，表示積極做空。當外資期貨做空，逆價差大於負30點以上，且在現貨市場連續3天以上賣超，等於盤勢明顯偏空，宜順勢偏空操作。

❸ 外資期貨和選擇權偏多操作，期貨多單未平倉口數＜ ＋1.5萬口，且現貨買超且正價差＜＋30點

　➡ 盤勢偏多，但強度不夠

　　當外資在期貨和選擇權的未平倉口數為正，表示外資偏多操作。若未平倉口數小於1.5萬口，正價差小於正30點，表示盤勢偏多，但強度不夠，必須留意外資在現貨市場是否連續3天以上買超，且金額在百億元以上，如此盤勢才會轉為明顯偏多，屆時即可積極順勢偏多操作。反之，外資在現貨市場未連續3天以上買超，且金額不足百億元以上，則盤勢雖然偏多，只宜少量偏多操作。

❹ 外資期貨和選擇權偏空操作，期貨空單未平倉口數 <－1.5萬口，且現貨賣超且逆價差<－30點

➡ 盤勢偏空，但強度不夠

　　當外資在期貨和選擇權的未平倉口數為負，表示外資偏空操作。若未平倉口數小於1.5萬口，逆價差小於負30點，表示盤勢偏空，但強度不夠，必須留意外資在現貨市場是否連續3天以上賣超，且金額在百億元以上，如此盤勢才會轉為明顯偏空，屆時即可積極順勢偏空操作。反之，外資在現貨市場未連續3天以上賣超，且金額不足

百億元以上，則盤勢雖然偏空，只宜少量偏空操作。

法人籌碼分析統計表中的第12～17欄，是用於紀錄外資期貨、外資期貨未平倉、外資選擇權、外資選擇權未平倉、自營商選擇權、自營商選擇權未平倉，每天紀錄，每週研判1次，從每天和每週的外資和自營商在期貨和選擇權的買賣多空動向，以及未平倉多空口數的多寡，判定當天和當週的期貨和選擇權是呈現多頭或空頭模式。

確認外資在期貨、選擇權和現貨市場呈現多頭或空頭模式，隔天或隔週再順勢操作。

2015年7月15日台指期結算後，期貨轉為8月份的新倉，7月20日到7月24日這週，外資連續賣超，賣超金額－36.36億元，期貨當週空單增加8701口，空單未平倉口數為－10157口；選擇權當週空單增加16768口，空單未平倉口數為－22191口；自營商選擇權當週空單增加72630口，空單未平倉口數為－103626口，外資現

2015 年 7 月　　法人籌碼分析統計表

日期	外資(億元)	投信(億元)	自營(億元)	收盤指數(點)	漲跌(點)	成交量(億元)			外資期貨(口)	外資未平倉(口)	外資選擇權(口)	外資未平倉(口)	自營商選擇權(口)	自營商未平倉(口)
7/1	14.31	9.01	8.81	9375.23	52.21	866.25	<	923	3226	6133	-1028	-10952	30762	-44981
7/2	-31.39	2.37	-20.90	9379.24	4.01	861.01	<	888	-2974	3067	-6028	-16977	-19026	-63928
7/3	-56.78	-6.89	-40.94	9358.23	-21.01	843.84	<	888	815	3660	-3644	-20636	-2227	-66056
週合計	-73.86	4.49	-53.03		35.21				1067	12860	-10700	-48565	9509	-174965
7/6	-55.80	-0.26	-45.57	9255.96	-102.27	835.57	<	867	-1615	1933	-3039	-23601	-13612	-79615
7/7	-2.57	-3.28	-22.29	9250.16	-5.80	924.90	>	866	2918	4844	-1433	-25088	18117	-61517
7/8	-153.42	-10.40	-53.44	8976.11	-274.05	1433.86	>	980	-11012	-6820	-11034	-34877	-102222	-116362
7/9	-132.37	-8.33	-8.76	8914.13	-61.98	1303.06	>	1068	-38	-7146	8506	-26870	-12480	-128371
週合計	-344.16	-22.27	-130.06		-444.10				-9747	-7189	-7000	-110436	-110197	-385865
7/13	-32.15	0.12	32.70	9033.92	119.79	1040.63	<	1108	3712	-3407	-2257	-29085	-3308	-131663
7/14	-1.44	6.15	-25.23	9041.76	7.84	1007.31	<	1142	2928	-254	2366	-26603	5673	-125906
台結 7/15	18.74	5.51	-18.38	9054.20	12.44	833.69	<	1124	3413	356	3071	4236	10976	-44246
7/16	12.45	3.56	4.05	9042.21	-11.99	779.19	<	993	-3467	-3112	216	4378	-2668	-46896
7/17	33.98	3.62	-7.50	9045.98	3.77	766.06	<	885	2510	-466	-4450	-86	-4441	-46877
週合計	31.58	18.96	-14.36		131.85				9096	-6883	-1054	-47160	6232	-395588
7/20	32.79	3.70	-14.74	8975.00	-70.98	826.28	<	843	-2602	-3103	1190	1121	-4662	-51571
7/21	51.65	0.04	2.85	9005.96	30.96	727.73	<	787	4142	1163	1172	2285	2185	-49256
7/22	-32.87	4.85	-13.23	8918.70	-87.26	796.05	>	779	-8052	-7197	-3304	-6173	-29108	-62656
7/23	-59.34	-0.16	15.58	8791.12	-127.58	1044.61	>	832	-3017	-10730	-10694	-17070	-34937	-97621
7/24	-28.59	0.21	4.20	8767.86	-23.26	777.18	<	834	828	-10157	-5132	-22191	-6108	-103626
週合計	-36.36	8.64	-5.34		-278.12				-8701	-30024	-16768	-42028	-72630	-364730
7/27	-34.03	-0.58	-38.26	8556.68	-211.18	974.89	>	864	3694	-6666	-8489	-30478	-30715	-134376
7/28	-45.82	5.37	21.40	8582.49	25.81	1001.56	>	919	-2996	-9847	-7885	-38292	-4818	-139616
7/29	-23.62	5.36	-15.27	8563.48	-19.01	900.01	<	940	-1308	-11407	-1784	-37358	-9668	-108958
摩結 7/30	8.58	10.36	7.12	8651.49	88.01	885.91	<	908	5267	-5995	7144	-30201	32964	-76144
7/31	10.92	4.48	-33.34	8665.34	13.85	869.47	<	926	-3984	-10212	-1465	-31688	-15055	-91437
週合計	-83.97	24.99	-58.35		-102.52				673	-44127	-12479	-168017	-27292	-550531
月合計	-506.77	34.81	-261.14		-657.68					-10212		-31688		-91437

货賣超且期貨和選擇權與自營商聯袂做空，結果：隔週星期一7月27日加權指數收盤重挫－211.18點，隔週星期五7月31日加權指數收盤下跌－102.52點。

　　7月份外資在現貨市場賣超－506.77億元，期貨空單增加10212口，空單未平倉口數為－12479口；加權指數大跌－657.68點。

　　只要讀者們能勤快地統計每天、每週或每月的「法人籌碼分析統計表」一段時間，就可以得知外資、自營商在期貨市場的多空布局的口數增減，以及未平倉的多空口數，以及現貨市場的買賣超金額，精確得知外資的多空動向，順勢而為，便能立於不敗之地、創造獲利。

Part4

就是這張表
抓住神買股

Part 1
Part 2
Part 3

4-1~1-3

藉著自創的「法人籌碼分析統計表」，一張看似簡單無趣的紀錄表，讓我在股市20多年屹立不搖。

4-1

神奇的股市日記

本書是一本股市日記，詳實紀錄每天、每週及每月的股市漲跌、資券關係、量價關係、法人籌碼變化和期權多空，也是一本可以實際運用的參考書。

每天只要在收盤後花5分鐘，在「法人籌碼分析統計表」填寫數字，就可以清楚知道，當天、當週或當月股市的多空趨勢和漲跌方向，順勢操作，就能抓住神買點，也不用擔心股票會被套牢。

　　我每天殷勤地紀錄「法人籌碼分析統計表」的所有數字，十多年如一日；手繪方格紙的大盤走勢圖亦長達十多年之久，從每天親力親為的紀錄和繪圖過程，可以獲得非常好的「盤感」，知道大盤的多空動態和趨勢方向。

　　累積多年的紀錄心得和實戰經驗後，我可以偷偷告訴讀者，「法人籌碼分析統計表」真的很好用，只有一句話可以形容：「如人飲水，冷暖自知。」

　　讀者有緣看到這本書，一定要親自試試看，每天只要花5分鐘填寫數字，你就可以知道股市的多空趨勢，從此擺脫股票套牢一族。

　　俗話說：「機會是留給準備好的人」、「天下沒有白吃的午餐」、「種瓜得瓜，種豆得豆」，股市是非常公平與現實的市場，從沒有聽過，不用功、只想問明牌的投機者，會有大富大貴的好結果。認真研究與學習的人，才有可能從中獲利。

4-2

各種金融商品的操作策略

投資人操作不同的金融商品，紀錄和觀察的項目就不一樣。

❯ ❶ 操作期貨

每天詳實、不中斷地紀錄「法人籌碼分析統計表」的第12和13欄，觀察外資在期貨市場的買賣（多空）動態，並且配合觀察第6～8欄，三大法人在現貨市場是買

超或賣超，以及買賣超的金額大小，即能清楚知道外資在期貨和現貨市場的多空動向。若外資在期貨和現貨市場都買超偏多操作，讀者們宜順勢偏多操作；反之，若外資在期貨和現貨市場都賣超偏空操作，讀者們也應該順勢偏空操作。與外資同向操作，勝算較大。

❷ 操作選擇權

每天詳實、不中斷地紀錄「法人籌碼分析統計表」的第14～16欄，觀察外資和自營商在選擇權市場的買賣動態，並且配合觀察第6～8欄（三大法人在現貨市場的買賣超的金額）和第12～13欄（觀察外資在期貨市場的買賣動態），即能清楚知道法人在選擇權、期貨和現貨市場的多空動向，若法人（自營商）在選擇權和現貨市場都買超偏多操作，讀者們宜順勢偏多操作；反之，若自營商在選擇權和現貨市場都賣超偏空操作，讀者們也應該順勢偏空操作。與自營商同向操作，勝算較大。

❸ 操作股票

　　每天詳實、不中斷地紀錄「法人籌碼分析統計表」的第6～8欄，觀察三大法人在股票市場的買賣超的金額大小，以及第9～11欄，觀察大盤的量價關係。若三大法人買超且量價關係呈現「價漲量增」的多頭模式，讀者們宜順勢偏多操作；反之，若三大法人賣超且量價關係呈現「價跌量增」的空頭模式，讀者們應該順勢偏空操作，順勢而為的操作勝算較大。

❹ 波段操作

　　每天詳實、不中斷地紀錄「法人籌碼分析統計表」的第2～3欄，觀察融資增減幅度，以及第9～11欄，觀察大盤的股價漲跌幅度。若在上漲趨勢時，融資的增幅未大於大盤指數的漲幅，表示籌碼安定，持股可以續抱、波段操作。一旦融資的增幅大於大盤指數的漲幅，表示籌碼凌亂，宜賣出，波段操作結束。反之，在下跌趨

勢時，融資的減幅未大於大盤指數的跌幅，表示籌碼凌亂，做空持股可以續抱，波段操作。一旦融資的減幅大於大盤指數的跌幅，表示籌碼安定，空單宜回補，波段操作結束。讀者們順勢操作的勝算較大。

❺ 多空趨勢反轉前的蛛絲馬跡

每天詳實、不中斷地紀錄「法人籌碼分析統計表」的第2～3欄，觀察大盤融資餘額的增減，以及第6～8欄，觀察三大法人的買賣超金額。若融資餘額一直增加（表示散戶買進），三大法人一直賣出，散戶買而法人賣，稱之為「散戶盤」，表示籌碼凌亂，小心醞釀形成融資多殺多，趨勢由多翻空。反之，若融資餘額一直減少（表示散戶賣出），三大法人一直買進，散戶賣而法人買，稱之為「法人盤」，表示籌碼安定，須留意醞釀形成波段上漲，趨勢由空翻多。

❻ 操作權證

　　每天詳實、不中斷地紀錄「法人籌碼分析統計表」的所有欄位，觀察研判三大法人在股票、期貨和選擇權市場的多空動向，以及量價和資券關係是呈現多頭或空頭。若綜合研判的結論是呈現「多頭模式」，讀者們宜順勢偏多操作（買強勢股的認購權證）；反之，若綜合研判的結論是呈現「空頭模式」，則讀者們宜順勢偏空操作（買弱勢股的認售權證）；順勢而為的操作勝算較大。

4-3

滿載而歸 共襄盛舉

　　作者將30年的股市經驗全部濃縮到一張表格裡，期望透過本書的出版和大家分享。希望每位讀者都可以從本書的經驗法則中，得到一些「啟發」，親自體驗每天花5分鐘做投資功課的好處，並且精確掌握每天、每週和每月的股市多空趨勢和漲跌方向，將來無論偏多或偏空操作，都能滿載而歸。

　　倘若讀者們在未來的投資上，因為閱讀本書而受益，

我懇請大家共襄盛舉，支持世界展望會資助兒童計畫，每個月花台幣700元認養一位全球各地的外國小朋友，或每個月花台幣2,000元認養一位國內的小朋友。您的小小心意，將讓這些小朋友的未來更美好，我代小朋友們由衷地感謝大家，謝謝！

世界展望會資助兒童計畫

全球有10億兒童沒有足夠的營養、沒有乾淨的飲水、沒有基本的醫療，沒有避雨的住所；更有1億4千萬兒童，從來沒有上過學，稚嫩的生命，看不到未來。

「資助兒童計畫」結合全球愛心人士，共同關懷貧苦兒童的生活景況，讓他們因為資助人的愛心捐助，能擁有基本的生存條件、基礎教育、良好的健康照護，並有機會改善家庭經濟，藉由世界展望會的關顧與發展，進而自力自助，轉變自己與家庭的未來；更透過資助人的關懷、支持、鼓勵，陪伴受助童順利度過艱辛童年，豐富生命價值。

每個月捐700元，就可以幫助一名國外貧童，或每個月捐款2,000元，幫助一名國內貧童，少少的錢就可以幫助一個貧窮國家、落後地區的兒童，可以讓他們有乾淨的水喝、基本的醫療、遮風避雨的住所，還可以讓他們上學，獲得生命轉變的希望。

台灣世界展望會在亞洲、非洲、拉丁美洲、東歐及台灣等地區及國家，幫助兒童獲得基本生存與教育發展機會，讓他們的生命能獲得轉變。這些在世界各個貧窮地區和國家的孩子們，雖然我們沒有見過他們，終其一生我們可能也不會認識他們，但是您小小的一念，卻可以改變他們的未來。

世界展望會資助兒童計畫愛心熱線：02-2175-1995
郵政劃撥：01022760
戶名：台灣世界展望會

就是這張表
抓住神買股

作者：董鍾祥

出版部總編輯：賴盟政
責任主編：李文瑜
封面設計：楊雅竹
美術設計：楊雅竹、張瀅渝

總顧問：詹宏志
發行人：童再興
總編輯長：李美虹

發行：原富傳媒股份有限公司
地址：台北市 104 南京東路二段 6 號 6 樓
電話：02-2511-3511
傳真：02-2511-7006
讀者信箱：service@berich.net.tw
網址：www.moneynet.com.tw

製版印刷：緯峰印刷傳媒股份有限公司
總經銷：聯合發行股份有限公司

初版一刷：2016 年 3 月
定價：280 元

國家圖書館出版品預行編目（CIP）資料

就是這張表抓住神買點／董鍾祥著 .-
初版 .- 臺北市：原富傳媒，2016.03
236面； 17×23公分 .-（創富；18）
ISBN 978-986-90855-8-8（平裝）

1. 股票投資 2. 投資技術 3. 投資分析
563.53   105002046

Money錢

Money錢